U0884723

日知日录 二

端木蕻良 著

沈阳出版发行集团
沈阳出版社

日知日録 第三

日知日录 第三册

日知日録 第三

曹京平

古今偽書攷補正

石申經星

錢大昕与梁耀北論史記曰：「天官書文字古奧，非太史公所能自造，必得於甘石之傳，今世所稱甘石星經，乃後人僞託，

北京東四南大街

多龍襲用晉隋二志而稍爲異同……」又十駕齋養新錄曰：「續漢書天文志注引星經五六百字言，今本皆無之，是劉昭所見之星經，久失其傳矣」

吳汝綸廿八宿甘石不同考曰：「甘石之星經亡久矣，不見於漢藝文志。今所傳以爲石氏書者贗也。太史公言星多採之於甘，然不取其占驗，以爲米鹽淩雜，以故其說不傳。今其遺說可考者，獨二十八宿之名目耳。自周禮載二十八星而不詳其目，爾雅止十七星，月令則二十六星，今所傳二十八宿之名，始見於呂覽，而史記律書則不數斗觜觿東井輿鬼而易以建星罰狼弧四星，又以七星次張後，與呂覽不同，至天官書言歲

文淵閣南紙店製

星之行次，則又與呂覽合。嘗讀漢書天文志，其言宿星行次，則又與呂覽合。嘗讀漢書天文志，其言宿星行次，仍以天官書之文，以為石氏之説，而附甘氏説於其下，則皆合於律書，乃始曉然其故。蓋律書之所載者，甘氏之星名也。呂覽之所載者，石氏之星名也。天官書所以不同於律者，律書取甘氏，天官書取石氏也。至淮南子時訓解，但取石氏，而甘氏廿八宿之名，於是遂絶不傳。甘公齊人，實先於石氏，其説亦最古。漢高祖時有甘公知天數，非著星經者，或者其子孫歟。又自注曰：甘氏石氏二家不同，即其言宿名者，而其書之為説蓋可知矣。石氏較甘氏稍

北京東四南大街

遜，然亦非後世言天文者所及。太史公蓋兼擇二者之長，後之可略乃甘石之精矣。今之星經，則後人採隋晉二志爲之，而僞託於石氏者耳。至明人刻星經於漢魏叢書，署云甘公石申撰，直以甘石爲一人，尤爲可笑！」

續葬書

【按】郭璞擇高地以葬已，後爲水所淹，世以詩嘲之。蓋陽信其法寫葬書者。

陳直齋曰：「稱郭璞撰，鄙俗所依託」。

撥沙經

文淵閣南紙店製

晁子止曰："唐吕才撰，盖依托者。"

黄帝素问

〔按〕：余有东刻天保本，并有新识。

汉志有黄帝素问十八卷。隋志始有九卷，唐王冰为之注。冰以汉志有内经十八卷，以素问九卷、灵枢经九卷当内经十八卷，实附会也。……予案汉志阴阳家有黄帝泰素，此必取此素字，又以与岐伯问，故曰素问也。……或谓此书有"失侯失王"之语，秦灭六国，汉诸侯王国除，始有失

北京东四南大街

侯王有」，予案，其中言「黔首」，又藏氣發時，曰夜半，曰平旦，曰日出，曰日中，曰日昳，曰日下晡，不言十二支（古不以地支名时），当是秦人作。又有言「歲甲子」（古不以甲子紀年）、言「寅时」，公又漢以後人所作。故其中所言有近古之成分，未可一概而論也。

灵枢经

晁子止曰：「或謂好事者於皇甫謐所集內經倉公論中抄出之」。

補證：眉按：素問之名始見於張機傷寒論，继見於皇甫謐甲乙經，而其書或出六朝以。

日本櫟蔭拙者醫家常識有證。

文淵閣南紙店製

杭世駿道古堂靈樞經跋曰：「七略漢書藝文志黃帝內經十八篇，皇甫謐以鍼經九卷，素問九卷，合十八篇當之。唐啟元子王冰遵而用之。素問之名見張景仲傷寒卒病論，鍼經則謐所命名也。隋經籍志鍼經九卷，黃帝九靈十二卷，元滄洲翁呂復云，「首一書而二名，不著志別出鍼經十二卷」……其爲冰所僞託可知。……」

神農本艸

漢志無。漢平帝紀，「詔天下舉知方術本草者」，名始見。

補记：眉按，本艸之名，始見於漢書樓護傳，而藝文志闕

北京東四南大街

載，其為晚出無疑。賈公彥引中經簿有子儀本草經一卷，亦不言出於神農。神農嘗百草，一日而遇七十毒，由是醫方興焉。語始見淮南子修務訓。劉恕通鑑外紀因之，而改七十毒為十二毒。……大抵此書萌芽於漢代，流衍於宋世，其間如蔡邕之本草七卷，吳普之本草六卷，陶宏景之名醫別錄，俱與此書有甚深之關係，自後而唐本草、蜀本草以至大觀本草，而規模始備。蓋成之非一人一手，不當以真偽論。

秦越人難經

陳直齋曰：「漢志亦但有扁鵲內外經，隋志始有難經，唐志遂屬之越人。」

文淵閣南紙店製

僞作則在灵枢後，以灵枢不及引証故也。

脈訣

柳貫曰：「朱子取高骨為關之說，不知其改出王叔和脈經也。」

後晉王叔和撰，晁子止曰：「皆歌訣鄙淺之言，後人依託者。」

吳崑脈語序曰：「五代高陽生僞撰。」

神異經

十洲記

北京東四南大街

以上二書，僞東方朔所撰。

漢書云「……世所傳他事皆非也」贊云「後世好事者……附著之朔」。

提要：「十洲記」云「載武帝幸華林園射雉事，案文選應貞晉武帝華林園集詩，李善注引洛陽圖經曰，華林園在城內東北隅。魏明帝起名芳林園，齊王芳改爲華林，武帝安得有是號？』蓋六朝詞人所依託……」

列仙傳

稱劉向傳。漢志不稱向撰。

眉按：提目謂出魏晉間，故葛洪神仙傳序已稱是

文淵閣南紙店製

書為劉向作，則六朝之說，仍不足據，東京亦無七言文字，要以摠目所言為然耳。

洞冥記

稱郭憲撰。

補証，提要：「〻未必真出憲手，又詞句縟而麗，亦迥異東京，或六朝人依託之為」。

博物志

稱張華撰。

北京東四南大街

眉按：顧寶重攷謂：清四庫著録，非張華原書。而以黄丕烈士禮居從書刊本周日用等注博物志十卷為原本博物志。然諸書所引仍有多出此本之外者，則此本仍不可靠。（顧）實以所引或為隋唐志著録之張公雜記文，豈其然歟？

杜律虞注

注非偽，乃加虞名耳。

稱元虞集注。楊用修曰：本不出自伯生筆，乃張伯成為之，後人加虞名於伯生耳。恒案：伯生集有杜詩纂

文淵閣南紙店製

例序一篇，想以此誤為伯生耶？

三礼考注

原序曰不敢割裂經文，今此書則割裂散附經內。

吳澄撰。楊士奇序以為晏璧曾掩為己有作，又以公纂言敘錄攷之，多所增加，禮義乎混淆無別。羅倫序亦以為所增者非公手筆。

補註、、葛菴間話攷之甚勁，祇以「尸受祭肺」四字補入少牢篇尸入正祭章為有功，其餘皆妄謬，決非草廬舊筆。

北京東四南大街

文子

漢志道家有文子九篇。唐注錄魏李暹注爲十二篇，與今篇次同。

補注：孫星衍曰："藝文志注言'老子弟子，與孔子並時，而稱周平王問'，似依託之。蓋謂文子生不與周平王同時，而書中稱之，乃託爲問答，非謂其書爲僞託；宋人誤會其言，遂疑此書出於後世也。"案書稱平王，並無周字。又班固誤讀此書，此平王何知非楚平王。書有云："老子學於常樅，見舌而知柔，齒堅於舌而先弊。"考孔叢子云："子思見老萊子，老萊子曰：'子不見夫齒乎？齒堅剛，卒盡相

文淵閣南紙店製

潛，舌柔順終以不弊」。老聃疑即老萊子。史記所云亦
楚人，著書十五篇，言道家之用。文子師老子，亦或學
于楚，平王同時，無足怪者。杜道堅所以爲楚平王，所
其言，遂有數尸之禍也。書史云「秦楚漢魏之歌」，則其
至六國時猶在也矣。范子稱文子爲辛計然之字，而爲其
師，當可引據。范蠡之學，出於道家，其所教越，以亡
依存，以卑取尊，以退取先之術也。又自齊遺大夫
種曰「飛鳥盡，良弓藏，狡兔死，走狗烹」，亦出文
子」，是文子即計然無疑。李善、徐靈府亦謂爲是。宋人
又疑之。特以書志農家自有計然，不知出范蠡所

北京東四南大街

師各以歸其書，自非一人也。淮南王受詔著書，成於食時，多引文子黃式三儆居集引淮南子與文子同者多條，惟是否淮南襲文子，抑文子襲淮南，則未敢定。增損其辭詞，謬誤疊出，則知文子勝於淮南。此十二篇必是漢人依據之本。柳宗元以為駁書，所謂以不狂為狂者歟？」問字堂卷四文子序

黃雲眉據黃震黃氏日鈔則定其為偽，非止駁也。

莊子

蔣復璁曰：「見於漢志者五十二篇，今之傳郭象注三十三篇。」

蘇子瞻疑盜跖漁父讓王說劍四篇非莊子作。其言曰：「莊

文淵閣南紙店製

子蓋取孔子者，皆賓予而文不予，陽擠而陰助之，其正言蓋無幾。至於詆訾孔子，未嘗不微見其意。其論天下道微術，自墨翟以至老聃之徒，至於其身，皆以為一家，而孔子不与，尊之至也矣。嘗疑盜跖漁父則真若詆孔子者，至於讓王說劍，皆淺陋不入於道。」按簡直胡說，不過給自己開一方便之法門，而又可以不入於離經畔道，是莠氏之技也。

蓋駁俠之餘。

列子

劉向校定八篇，向云：「鄭人也，与鄭繆公同时。」子厚駁之。

有「西運轉無已，天地移密」語，尸子、蒼頡、考靈耀、元命苞、括地象，皆言地動，列子此語与相類。

湯問篇孔子見小兒辯日事，桓譚新論所載略同，譚云小时聞閭巷言，不云出列子。

管子

杜佑指略云：「其書載管仲將歿對桓公之語，疑後人續之。……」

陳澧東塾讀書記諸子書說：「蓋一家之書，而

文淵閣南紙店製

有五家之学矣」

賈誼新書

漢五十八篇，隨十卷，唐同隨，始加「新書」之名。

眉按：盧文弨書賈誼新書後曰：「新書非賈生所自為也。乃習於賈生者萃其言以成此書耳。……修政語稱引黃帝顓頊嚳堯舜之辭，非後世人所能偽撰。容經道德說等篇，辭義典雅，魏晉人決不能為……」姚姬傳則直斥為陋學之所為。表校讀賈子曰：「賈子偽書也，天子御四表，有五帝三王之道在，未聞表與餌也，賈生王佐

北京東四南大街

才識改攛，必無是言。若所云，隋煬帝都皆已行之，其效何如知，援袁說正可以辨賈書為真，賈非徒空言五帝三王者流，隋煬帝都已行之者，正說明賈之價值所在。

傷寒論

恒：予謂王叔和脈訣前人多疑其偽，甚或并非叔和，乃後人依託。

漢張仲景撰，晉王叔和集。此書本為醫家經方之祖，然駁雜不倫，往往難辨；讀者若不得其要旨。予友桐城餘憶城煌謂此書為王叔和參以己說，故真偽間雜，致使千載蒙昧；著有醫學辨謬一書，分別仲景之書真偽，兼論諸家源流。……今其書具藏於家。

金匱玉函经

又名金匱要略

稱漢張仲景撰，晉王叔和集。

眉按：余謂炳麟謂金匱玉函经金匱要略係兩書，首詳略之不同。玉函经元明以来不可見，今所見者要略而已，然知有闕文。惟傷寒論單論本十卷，則完好与梁錄無异，故未可據為定論。

又傷寒論、明趙開美以宋本摹刻，与成無已注本并

北京東四南大街

行。至清而逸，入日本楓山秘府。安政三年，丹波元堅又重摹之，由是復行於中土，其與成本異者，卷首多有目錄，下方亦多叔和校語數事，及億等校語，成本盡刪之矣。」」

章炳麟傷寒論單論本題辭

爾雅

漢志多附於孝經後，隋志附於論語後，皆不著撰人名，呂思勉經子解題亦曰「爾雅今之辭典也。此本鈔撮以備查檢，後人相傳，亦必增加改，無所謂誰作，今書訓詁幾全同毛傳，釋同周官大司樂，九州異禹貢而同周官，則古學既出後之物。釋獸中狻麑即師子，出西域，鵽鳩北出北方沙漠，犀生鬱林，鱊鮬出樂浪潘國，魵蝦出穢邪頭國，皆非戎國所有，明為後人增益，正如神農本草經有漢郡縣名耳」。

注爾雅者，有舍人李巡樊光孫炎沈旋諸人，今惟存郭璞一人家，璞有音有圖贊，今亦亡之……然則郭注亦為後人所刪，非完書矣。」見錢大昕與晦之論爾雅書。

韻書

北京東四南大街

即詩韻

昔沈約撰四聲，今亡。此書乃宋理宗朝平水劉淵作。其時奉詔頒行，名禮部韻略，今相沿用，俗稱沈約，譌也。

山海經

漢志不著撰人名

燕京學報第七期有何觀洲君山海經在科學上之批判及作者之時代考一文，以史記孟子荀卿列傳述鄒衍之學說，有「先列中國名山大川通谷禽獸水土所植物類所珍，因而大之，反海外，人之所不能睹」一段，不曾為山海經作序，遂認五臧山經為鄒衍所作。或鄒派学者所作。五藏山經以下，則仍但為漢以後之偽經……然騶衍固有書，著於漢志。

水經

隋志有兩水經：一本三卷，郭璞注；一本四十卷，酈善長注

眉按：桑欽地理志，漢志不著錄，其有無未可定。然水經非桑欽撰則可斷言矣。水經酈注，劉獻廷欲為之疏而未果……見廣陽雜記卷四。何人著不可定。

北京東四南大街

陰符經

〔按〕褚遂良多書以刻之於石。

出於唐李筌。其云得於石壁中，上封云：「上清道士寇謙之藏諸名山，用傳同好。」

越絕書

隋志始有。

其書稱子貢撰，司馬貞、劉知幾已皆言其偽。史記孫子吳起列傳索隱，史通因習篇。至楊慎始從隱語中發現

文淵閣南紙店製

作者袁康吴平姓名，迨後遂無異辭。而胡應麟又能究其顛末，為楊説補完。……「……蓋袁康者先述此書於東漢初，而吴平者後為之「屬文定辭」於東漢之季……」筆叢

吴越春秋

又人共此一書名，今傳本者，不知應屬諸何人為是。

楊用修曰：「漢書、趙曄撰吴越春秋，晉書楊方亦撰吴越春秋，今世所傳，曄耶？方耶？」

眉按：「……可證楊方更撰之書，異同必多，非僅刪繁而已，然則今世所傳之吴越春秋，殆即楊方更撰之本，徑後人

析五卷爲十卷，而又誤去其削繁之名，自宋以後，趙書既失，遂以楊書歸之趙曄耳。

春秋繁露

十七卷，八十二篇。

中興館閣書目謂「逸周書王會解天子南面立，絻無繁露」。

東坡志林

恒案、浴国東坡志林、而又有米元章志林

文淵閣南紙店製

錢牧齋曰："馬氏經籍考、東坡手澤三卷，陳氏以為即俗本大全中所謂志林也。今志林十三篇，載東坡後集者，皆辯論史傳大事；志林則皆自言讜言中録、雜凡公集外記事跋尾之類，捃拾成書，而謬為者不聞入焉。"

國語

漢志國語二十一篇，不著撰人名。

眉按：……劉歆竄改左傳，劉逢禄左氏春秋考証言之綦詳。其舉文闕，或某篇年月參考處，即為劉歆穿鑿不得處。劉歆强分一書為二書，冀以抵制公羊傳，故於彼則

北京東四南大街

多設條例以比附之，於此則掇拾雜書以補綴之，而不知反書離合之迹仍顯然也。

劉子新論

二卷，北齊劉晝著，共五十六篇。唐播州錄事參軍袁孝政注。袁孝政作序，稱劉書。唐志十卷，稱劉勰，人或謂即此書，然篇目不類，或又云劉歆、劉孝標。

眉按：王昶謂非北齊劉晝撰是也。提要辨非勰、歆、孝標作亦是。

化書

通攷載偽唐宋齊邱子嵩撰。宋景濂以為譚峭作。

王世貞書化書後曰：「吾以為齊邱必竊入其自著之一二而後掩為己有，如■■又常上書，忽云，「運帝王之籌策，代天地之權衡，」則仲尼其人是也，」蓋彼所以名齊邱意也。若景濂必不推仲尼亦不必附於儒者，又齊邱於觀化之際，輒自絡小人，所謂不考而招者」讀書後

以上俱見古今偽書攷補證 金陵大學中國文化研究所初版 一九三三

北京東四南大街

銅鼓考略

葉紹鈞題 鄭師許著 一九二七再版本 中華書局

宋朱輔溪蠻叢笑曰：

溪洞愛銅鼓，甚於金玉，模取鼓文，以蠟刻板，印布入靛缸，漬染，名點蠟幔。

明朱楨國湧幢小品云

蠻中諸鼓有剝蝕而聲響音者為上，易牛千頭，次者七八百頭，藏二三面者即得僭號為寨主矣。凡破

文淵閣南紙店製

蠻必稱獲諸葛鼓，有多至數十面者。此必諸葛倡之，後人倣式而造，其精巧又有過之者。

檀萃說蠻錄云：

馬流人常識其處，常重銅鼓祀伏波，蓋所祖也。

叙州府志：長寧縣志云：萬曆元年，巡撫曾省吾平九絲夷，獲諸葛銅鼓九十三面，同時又得銅鐵鍋一百，係酋長阿大所畜。……

貴州通志云：

仲家……其種有三，一曰補籠，一曰卡尤，一曰青仲……歲時重銅鼓為歡……富者不吝價爭購。

北京東四南大街

貴州府志云：

自嶺以南，……並鑄為大鼓，……俗好相較，多搆仇怨，相攻則鳴此鼓，到者如雲，有鼓者，號「都老」，群情推服。

陸游云：「予初見梁歐陽頠傳，頠在嶺南，多致銅鼓，獻奉珍異」。又云：「銅鼓累代所無」，及予宣撫司，見西南夷所謂銅鼓者，皆精銅，極薄而堅，文鏤亦頗精，叩之鼕鼕，不作銅聲。秘閣下古器庫，亦有二枚，此鼓南蠻，今用之于戰陣祭享。……

宋史蠻夷傳撫水州條：

文淵閣南紙店製

融州蛮其族铸铜为大鼓，初成，悬庭中，置酒以召同類，争以金銀为大釵，叩鼓，去則■以釵遺主人。……其一製作之法，晉書赫連勃勃載記略有言及……復鑄銅為大鼓，……皆以黃金飾之，列於宮殿之前。凡殺工匠數千，以是三莫不精美。

〔按〕我在黔桂的时候，問當地的人，说苗胞传说：僮人是太陽的兒女，他们是月亮的兒女。所以大節要跳月，跳月用象蛙舞。銅鼓上刻蟾蜍，也是同的象徵。我看銅鼓花纹（在北培）中间象征日光，恐怕日光是較早的花纹，蟾蜍是後起的花纹，日正有了

北京東四南大街

農業生產之以祈雨的，蟾蜍和雨是有關係的。又都做了雷山花紋，都和農業生產有關。

至於銅鼓應該是法物。誰有了它，誰就是這個民族的首領，這個首領是兼管人事和神事的。有了銅鼓，一重鼓便可召集全族，不許不到。銅鼓是這種權力的象徵，不是象徵，而是實際如此，有他就可為「都老」。

銅鼓是西南民族自己工程的結晶，自己的傳說，不是由漢族傳出去的，過去將說由諸葛伏波傳去的，祇是一種大民族主義的說法。宋朝所說「歷代所無」是指漢家天子歷代所無。這是對的，漢人的製作，直到今天還沒有發現，所以無從說它是由漢人傳授的。當然有些花紋可能受漢人影響，但基本風格是南方民族自己的，而它的風格和今天尚存在的腊染花紋是一致的，是一個系統。

以金錞為大錞，扣鼓者則以錞還主人……這也是奉神兼以獻主的意思。也可以說明神權和人權是同一的。「主人」就是那們民族首領，這是漢人的記載，不敢說他是「王」或「長」，而名之曰主人，但在這決不是像請客似的那樣的稱主人。

銅鼓沒有在大江以北發現過，西北也沒發現過，但越南等地卻有。從它的分布可以決定它是南方民族的創作。

明夷待访录　黄宗羲著　古籍出版社一九五五年第一版

梨洲，一六一〇—一六九五。据全祖望所写的跋文，本书是一六六三年（清康熙二年）著成的。经过一百多年，到嘉庆间才有初印本印行。

梁启超在清代学术概论里提到本书在乾隆时也曾被禁。

欽盜人書（丙辰一六七六）

辛丑之岁，之武林，便回东度娥江……未果，及已北方，十有五载……年逾六十……

前面识言里说：“吾虽老矣，如箕子之见访，或庶

文淵閣南紙店製

殘局，豈因夷之初旦，明而未融，遂祕其言也！」癸卯再記以全祖望跋語：「是歲為康熙癸卯，年未六十，而自序稱梨洲老人，萬西郭為余言：徵君自壬寅前，魯陽之望未絕，天南訃至，始有潮息煙沉之嘆，飾巾待盡，書於是乎出。蓋老人之稱所自來已。原本不止於此，以多嫌諱弗盡出，今并已刻之板亦燬於火。」可以指出黃梨洲之一貫的想使他的說能行，是以實踐為頭等重要的，不是表達了思想就祘數的。

原君：「至桀、紂之暴，猶謂湯、武不當誅之，而妄傳伯夷、叔齊無稽之事。」

北京東四南大街

原臣：“我之出而仕也，为天下，非为君也；为万民，非为一姓也……而以君之一身一姓起見，君有無形無聲之嗜慾，吾从而視之听之，此宦官宫妾之心也；君为己死而为己亡，吾从而死之亡之，此其私暱之事也：是乃臣不臣之辨也。”

拿這個来和顾炎武的诗：

人臣遇变时，亡或愈于死。夏祚方中微，靡弃一人耳矣。二斟有遗迹，当日無所起，世人不達權，但拜孤山祀。

兩個人的思想何等一致。

黄梨洲很重視学生運動，而在知識分子中創生輿論。在論取士，他最主張實在的，而不要浮泛的辭藻。還重視孝賢，還重視專技絕學。

辯奄官女御和楊升庵的看法一樣。

最好的是論財計，他說然識使停積錢緡，五年為界，斂舊鈔而焚之，官民使用，在關即以之抵商稅，在鈔則以之易鹽引，無何遂其不行。

他說國家要有和鈔面相当的儲備金。然後，「民間欲得鈔，則以錢入庫；欲得錢，則以鈔入庫；欲得鹽酒，則以鈔入諸務。故鈔之在手，與錢無異。」

顧炎武日知錄：明末崔遲皆亂之時，府彼出錢，

北京東四南大街

而殺伐用張，征誅之事也。張治〔李〕明夷曰：明入地中，明夷，君子以蒞衆用晦而明。繫辭曰：寂然不動，感而遂通天下之故。

古今黈

金欒城李治著，從永樂大典輯成八卷，入四庫全書。又有武英殿聚珍版印行。繆荃蓀見愛日廬藏書志有此書，十二卷足本，從上海肆收得仁和勞季言手抄黃琴六本，乃明萬曆武陵胡書宦蒋御製梓行。士禮居所收藏舊鈔，李氏原書十二卷，永樂即據此編入。本傳著有四卷。

卷一

邵康節解離麗之離，亦取舊說，但謂文彩著見之義。

吕氏春秋荆有佽飛得寶劍於干越高誘注云吳邑也荀子勸學篇干越夷貉之子生而同聲長而異俗……楊倞注云干越猶言吳越且引高誘為據予按春秋定公五年於越入吳杜預曰於發聲也孔穎達以為越是南夷夷言有此發聲……不得以干為一國越為一國也……今本荀子又以干字作于魚虞虛虎之韻晚出不通何所適從。

前漢西域傳 波河 師古曰波河循河也音彼義反

鮭曰此義是而音非波止當以字讀也……今人循河而

北京東四南大街

行皆謂之迒阬陂阬之語與迒阬聲同。：：■不為孔道。師古曰：孔道者，穿山險為道，猶今言穴徑耳。：：孔道，正謂大道也。

石林過庭錄經史辨疑云：人而不為周南、召南，其猶正牆面而立也。與牆所以扞外，正牆面而立，謂其北背而內之道，反而面乎外也。治曰：此說非是。牆面祇謂無所見耳，又何限乎內外之間哉。

晉鄒湛之鄒，當讀為緇音。鄒說之鄒，當讀為騶音。

莊子齊物論：夫隨成心而師之，誰獨且無師乎？奚必知代而心自取者有之，愚者與有焉。治曰：知讀如智，代變也。而汝也。謂人人各自有師，何必智變于汝心，然後自取而始有之

文淵閣南紙店製

故雖愚蒙之人無有成心可隨而師之也。成心者呂惠卿所謂吾所受于天而無所虧者也。

世俗有孤負之語，孤謂多以酬對，負謂有所虧欠，而俚俗変孤為辜，辜自訓罪，乃以罰孤負之孤，大無義理。

郭璞客傲云：不塵不冥，不驪不騂，驪當做犁，然莊子有牝馬驪牛三之語，則驪字亦通。又左芬離思賦親辰君因同押，古文韻不拘於音，病然上平之親下平之侵未有收用者，尋當作循。

古知而相通

東坡有老饕賦，貪財為饕，恐作老餮

作劉歆三統曆〻夫所謂春秋者屬辭比事之書與教學了不相干而胡乃妄引曆數莫二而偶之哉。

鄭氏本用毛説，毛義有不安者，已以見改易〻今人但視陸德明釋文易曉者雜讀之所以前後鉏鋙。

爽之一字既為明又為昏所以稚爽為魄〻之主。介之一字既為大又為小。〻〻亂臣十人之亂為治，飲訓溫克，克為良，克伐怨欲，克為狠。擾兆民則擾為安，膺人擾之，擾為煩。必有忍其乃有濟，忍為恕。殘忍以忍為暴。媢嫉人則為忌，所媢為上，為傲。父母昆弟昆為長，後昆昆為後。

僕射　射主僕御弓矢之事射爲音夜〻〻藥射于音夜音處射

文淵閣南紙店製

俱得通。

世以秘監為奎府，御書為奎畫。

須女与牽牛相繞，又同列于二十八宿之中，密相附麗……若以織女為天女，牛郎非其偶也，近識之注於何謬矣。

詩無羊……疏家乃謂每色皆有三十，誤矣。

管子齊國老人語……糴糶要所謂切要之時也。

莊子徐無鬼……此皆處說殆之誠，禍之萌也，呂解不給改以為不暇給，則其禍之長也茲萃一句，贅矣。茲、滋古字通。

天下篇以禁攻寢兵為外，以情欲寡淺為內，其小大精粗其行適至而止，此數句鄭解以下屬彭蒙田駢慎到，呂解以

北京東四南大街

上虞宋鈃尸文訂說為失，己說為得。

鐔字尋淫二音。廣韻以為劍鼻，莊子注為劍口。

口吉甫曰：鐔者劍之所以為木也。乃隔手，又讀音蟾。

晉書段匹磾贊〻〻矣字收韻誤從入聲。

荀崧傳與列女傳兩同。

荊子雲書列子〻自所及目作字三年大攘〻作壞。

宮人討〻承恩最，誤改醉。杜荀鶴〻争之趣後女，相

憶采芙蓉 一本云相伴誤。

東坡章有迴風散馬落屑，蓋用陶侃竹頭木屑事。

按廣韻蹝躧同音所綺切，而蹝乃不躡跟也。躧乃

文淵閣南紙店製

步也　皆本孟子語。蹤　草覆也，草覆而可蹤者也。

卷二

史記，貨殖傳：無經業，則貨無常主，能者輻輳，不肖者瓦解。則字衍文。

尉佗傳：犁旦皆降伏……漢書作「遲旦」，「遲」曰讀如「黎」，待也，「犁旦」或作「黎明」，又或作「黎遲明」，「黎遲明」「遲明」也。書傳又有「詰朝」，猶向人曰明未「欲爾遲」旦之意。

莊子：以用志不分，乃疑於神，以疑為古邪。

漢書陳湯傳：曰藉第全無斬服從藉係葛從弗且曰足也。

在從各籍服從次合第那也，從第本訓但但亦且之意。猶係且使

北京東四南大街

不斬。

錯鐙錯些、鐙錠有三義

荀子蘭槐之根是為芷其漸之滫……

史記蘭根與白芷漸之滫中……

徐廣注滫者淅米汁也停泪滿未必韻滫息反又泔也。

又漢以文計今以貨計

御史張行蘭有教坊腔子三十六首內首道調近西五亥近六中呂

近十中三遠八殺詞調詞曲中覓名近者不知所謂中与亥近者

何謂調

莊子齊物論……十二皆情性之異其理甚非……粘以隨

音為騰，揰即鍛也，猶今世俗所謂打也

東坡有誤以牖廁一則牖之例澊滰河燕蔓亭之誤。

又晉語暇豫之吾吾不如烏烏人皆集於苑已獨集於枯。

東坡詩救奇逢惡歲計拙集枯梧，誤。又山圍故國城空在，

潮打西陵意未平，第是足太峻快也。又鄉令刁馬能饒石奈

有中郎解摸金。按摸金乃校尉，非中郎也。又何將一笑千

痾散，絕勝倉公飲上池。考作長桑君非倉公。又去年對

節發倉廩，時安賣刀收繭栗。按王莽傳比用繭栗不乃

役為牛次韻。又歸又嘴尚好更遲調，向我新詩喜折筱。

按折筱是筳而非筱也。若云得我新詩筳折筱……

北京東四南大街

上蔡公子牽黃狗，本無李斯善作篆，而後引黃犬可證，似勉強次韻。又黑々何憐直袁狗，袁狗此用為字似不甚妥。

又鐘乳金釵十二行。以白樂天「鐘乳三千兩，金釵十二行」配合一句，不安。

莊子天地篇漢陰丈人章下，孔子曰：……舊解及呂解皆以漢陰丈人背今向古……以余觀之……猶無奈世之意……漢陰丈人特假之耳。識其一，抱一之謂；不知其二，將于移之謂治其內，主乎本原之謂；不治其外，無所事乎末之謂。

卷三

禮記禮器：有擯詔，樂有相步，溫之至也。溫，此謂習

文淵閣南紙店製

謔耳。而鄭云……

又龍[浣]侍徵與浣一在樹上一在樹下談論自晝至夜詞意不足。史家徽昂太旦云然也

惜惜依音之美者子段未夜皆以比非美琴・僧孺用之同彝々。

薄太后以冒絮提文帝，提擲也、投也、撞也。

莊子齊物論麋鹿食薦，薦即苜蓿也。趙充國傳云今虜亡美地薦艸，謂艸之盛一為所生薦然。

月令仲夏鹿角解仲冬麋角解，皆解蟹音。孟春東風解凍無音，則未讀為佳。買人及蓋[角]解之解自解也解

北京東四南大街

凍之解，物為之解也。

隔并謂陰陽有所閉隔則或格或隔有所羃弃也。

書高宗肜日乃曰其豕名⋮孔安國皆以為祖己祖伊

自言其負三山林氏以名為得自言之林為優。

西伯戡黎奔告於受孔安國曰受紂也音相亂然黎

則今之黎城史記作耆何也豈再以音相亂乎皆不可必也。

東坡贈勝之減字木蘭花十一皆字意在「段賓」（按

（即俗安之〈全殺〉而乃云「丁神」）

韓偓詩云柳塘霞溪魚正肥（按）今有段處為

蓋者）此指時也，歐陽永叔謂河豚食花則肥不足

文淵閣南紙店製

信。

杜詩樂任意爲、乃用論語不圖爲樂至於斯、及三年不爲樂之爲，或讀作洛音者、非。

東坡謂荀子青出於藍爲夢中語。

肉薄　大抵謂士卒身相[illegible]帀以肉相連也。

卷四

謂城　此詩附腔作小秦王唱之無名古陽關。〔按〕李治

就老學工而更役之。

道藏經軒轅本記云得岐伯……又有扁鵲俞附二臣定脈經。

天猶未必正方，否則天之四游之處正相礙。

聰明文思，思字兼四兩音，竇作平聲耳，用為優

廣韻槩即兩切，又無他音，李孝美用作平聲，誤。

太史公載宰我與田常作亂……李斯上書云云田常

因取齊國，殺宰予……並子擿其姦。

達生篇畀九稱失度愈少與郭象注適相反。

列御寇……蓋迮矢已往之矢，方矢將發之矢也。

胥易技係……蓋胥易者以才智妄易是非，技係者以

技藝自為拘係

歐陽公不信周易繫辭，而於爭卦則未曾置論。

文淵閣南紙店製

唐藝文志將葛洪內篇列於道家，而神仙類闕之。其外篇亦宜歸之道家而列於雜家。

青鳥子柳子厚時亦復行。

札甲葉也 養由基 養字無音，自合如字讀之，世皆从去聲耳，其父有所本乎。

周顗嘆重桓彝云：茂倫嵚崎歷落，可笑人也。此非語倒，正言其美。

嚴武巴山嶺答杜二見憶：可但步兵偏愛酒，也知光祿最能詩。步兵謂顏延年，非阮籍也。宋書：顏延年領步兵，光祿則謝莊希逸也。

北京東四南大街

乖角猶言乖張

黃閣鴟尾皆宰相所居　今本皮日休詩作黃閣

李太白送李女真至壘壘然也凡壘壘崑嵬纏去聲今音平

匾凹吳口掌腦圍圍陀陷汲此皆就地勢而名之

內則馬黑脊而般音班臂漏鄭注云漏當為螻如螻蛄臭也·螻蛄之臭大抵為土氣也名土多者多以此為名

故以蛙為螻蟈蟻為螻蟻

洛　洛言洛下援言援唁下猶言在此處也

論黃霸之不不得宣帝心極是蓋亦以之自明也

臣工篇 鎛 鋤類 銍穫禾 鐮 椎 銚 說文祇言古田器，

文淵閣南紙店製

不言所用……以討求之銚必為開墾之言。又奄義為同。

李廣傳「自當」以廣、騫失期，廣獨與虜戰，功過相補，此謂自當，顏注非是。

又李陵傳「特戰」，蘇曰……「若鳥獸之攫搏而鬥也」。

又吾士氣少衰而鼓不起者何也，言謂鼓音不起。李賀詩云「霜重鼓寒聲不起」，蓋用此語，顏注非是。

又人持二升糒一半冰。半字从凡音讀為是。

又田蚡傳「貌侵生貴甚」，蘇注曰侵與寢同，古字通用，寢不揚也。「生貴甚」，言身居丞相之位也，不與上文及人為屬。

又蚡以肺附為相，非痛折節以禮屈之，天下不肅。肺折

木札也……痛猶甚也

灌夫傳 石人 事存而不死也 碌碌猶衆也

又田蚡傳 禿翁 謂年老髮少可

又劾嬰矯先帝詔害罪當棄市 鄭氏曰 矯詔有害不害也 蘇林曰 矯先帝詔書以為開家害也 [按] 害罪應與罹罪同意。

東坡大全集載漁樵閒話八十一事 卻真之出東坡手。

又詩評及卷不知何人纂集

多字姓 有多至六字者

東坡詩 安得道人殷七七…… 古今詩話云事七七……又詩史

文淵閣南紙店製

戴辛七有異救　東坡誤以弗為段耳。

所謂綴數並非實物但以數强綴繫之使而聯絡可以

求乃女變而已

屈原傳　勸楚懷王殺張儀……楚世家　勸殺張儀者乃

謂昭睢　而屈原傳不復見　二者異詞[搜]及人都是張儀，

二者不互相　史記本有此例。

詩采芑　闐闐自為軍旅衆多之狀。

雨無正篇　巧言如流，此乃巧言如簧之反，鄭注非。

信南山　疆埸翼翼，自是疆埸比次整齊之意。

角弓　鄭注非

北京東四南大街

白華頤令指申后，而説者乃以為褒姒，一何所見之偏也。
大明會朝清明會於甲子之朝是，會恒為非。
生民或簸或蹂，注以蹂為潤非，蹂者揉物之也，以待再舂。
既醉 美成王有孝子之行，鄭注為非
愆過尤甚之之辞 故愆從衍从心 訓云不愆不忘率由舊章 不愆非擾苗也 不忘非田舍也 蓋成王所以為全德也 文
卷阿篇似先公酋矣公功也 即言先王之功 鄭注非
楊子重黎篇李子為段
史弼上書曰陛下隆於友于，昂俗之歐後，語為不辭。
東坡即杖頭為杖端，鼓吹為笙歌，實為不典。

相於相爲也。老杜多用之。

馬援傳：乘下澤車，言低且狹也。又御款段馬，注云：款猶緩也，言形段遲緩也。注非是。款段蓋連綿語，猶今世俗言骨董云耳。〔按〕李說对極了。

卷八

渭上翁公論史記子政說云：至大期讀作基，非；亦非十二月。

王僧虔名書錄有「鹿盧引上」語。按鹿盧即今滑車。

李闢韋誕事極是。

沈存中評上林賦，李以爲公

淮南王先生病閑明樂琴書以消憂李引孔子發憤忘食樂以忘憂抵之。

為政篇居其所而衆星拱之疏云衆星共尊之故釋文共音拱去聲鄭玄作拱俱勇反鄭說實優故學者皆讀从上聲。

先行、其言而後從之、「先行」斷句。

奚其以為為政 上為字于偽反

述而：則吾未之有得猶言未之見也

開元錢、高祖、高宗、玄宗皆嘗鑄之。分篆三種甚少。

李廣傳上文莫府省文書是也

文淵閣南紙店製

衛青傳斬輕銳之卒捕伏聽者三千一十七級斬首捕伏聽者。

顏注非是。

又殺大當戶猶言殺傷大率相當。

捷首虜八千九百六十級收休屠祭金人師率減十七鮭曰捷

報也首虜言級虜力得而斬之師率減十七言漢兵少而

匈奴兵多也。

渾邪王等謀歸漢使人先要道邊道導也。

薄暮單于遂乘六驘驘騾也。或作羸乃印本之誤

右王適去單于之歸師古曰去除也音丘呂反以是推之去

病之去亦並上聲讀而發音不著蓋闕

北京東四南大街

師古曰：最，凡也。此説不通。最者，功最之最。

今世定税則，每三十分中取一分，今較於古六分之一也。

歐公黄楊樹賦以若天起，疑前别有語，古人文人無有鑿空便云若夫者。

又准平語言事書論禦戎之策乃伐交之策。【按】此種説法已近於强求。伐交伐謀似不可分。

就吏有二説

石林节の谓虞仲有二。节九論語虞仲乃仲雍也，自相乱。

不有祝鮀之佞而有宋朝之美。王滹南辨而有二字羡文。此説甚善。然有此二字亦通。

文淵閣南紙店製

又左右流之流荇於水中也 毛萇以流為求误

又思服之服 悠哉之悠 毛俱釋之為思非也 悠遠也 言將思遠之又遠而莫之得焉 悠蓋思之意而非思也 鄭說寤寐思服之服事也 求賢而不得 覺寐則思己職事當誰与共之乎 此說是

卷柒

宋九嘉有三恨 很有道理

陶渊明：自謂羲皇上人 羲皇上人 謂宓羲以上人

四氣調神大論 愚者佩之 佩背也

景帝子傳 被服儒術 鼂曰 被服 其身衣被之也。

又中山靖王傳勝:每聞幼眇之聲,不知涕泣之橫集也。黃案:幼眇

音窈眇,如暗字,猶言幽咽也。

政和本艸靈香條下,本艸經云:俗呼為象膽……藥譜破本

艸不細委,為象膽為非,本艸祇是稱其俗呼耳。

又詩小星云:三五東,注曰:三心五噣,四時更見。三五,言其星或三

或五,可笑。

左思吳都賦:猿公哀吟,貚子長喇,當是長嘯,板本錯。

又其竹則篔簹林箊,桂箭射筒。劉逵曰:箖是猿公

越女所與試劍者也。賦曰箖箊,止鮮箖而不解箊字,箖箊又

一物,或單稱箖,或單稱箊,而此賦板本誤以箖為林耳。

文淵閣南紙店製

楚子面縛銜璧，左牽羊，右把茅。李子以為左右从人也。

段公所撰王德用神道碑、康邦傾人衛儀，皆同押。又晏元獻碑氏崙洛學詔後，皆同押。段公去今才百年，作制其文律寬簡，猶有古人風。……乃知律度愈嚴，骨格益以弱也。

朝聞道，夕死可矣。注疏皆非。

子美之白頭無籍在，宋綾有哀憐籍在，歎叔之意。藉去声。

陸賈傳名声籍甚。注云狼籍甚盛，非是。籍甚謂若編籍然，甚隆盛也

豐卦曰豐大也。注云大音闡，不知何音

北京東四南大街

琴賦：間遼故音庳，弦張故徽鳴，「庳」为声後，其或近之。

卷八

經籍道息用不復以聞 漢書言尺籍通籍 籍以竹為之蓋簡策之類 用，用由也，言由此也。

爾雅釋詁云初哉首基肇祖元胎俶落權輿始也 孟子云朕載自亳意出於此 五量皆生於權衡故為始 載也運行莫先於此故為始

晁迥法藏碎金秦人帶劍被人相笑人當作楚

羅鄴牡丹詩云可憐韓令功成後，辜負濃華過一春。

韓令謂韓弘也 弘曾除去所居牡丹故云濃華當作穠華。

文淵閣南紙店製

楚鄖敖左氏則名之麇公穀則名之卷司馬遷則名之員

莊公十二年大水 若之何不弔 乃不敢不弔之意耳，杜注非。

本命說李治附也有之

絜矩之道 鄭朱及說俱非 絜發作挈字讀之矩者方正之物 物有四隅 吾挈矩以度之。

李子曰：知止而後有定，知至所謂格物而後知至不相通。

【按】恐未必然

李公麟作陽關圖以別離慘恨■為人之常情而設釣者于水濱忘形塊坐哀樂不關于其意，其他種種類此。

巾車巾猶衣也命僕使巾其居也。

北京東四南大街

荀子儒效篇充虚之相移易也坚白同异之分隔也虽圣人之知未能偻指。李子以为偻偻思也，言未能偻指以一二数也【按】此说甚是。俗语仍有偻偻，与是计算计算的意思。

李周翰诗我心相思如日月当有弦望无极附翰说非是弦则月半之明也望则月满之时朔则日月相合也。

左都赋亭道有夷隆，夷凌夷也。

扮（手）柔蔑音唬，亥也已日已月栅𥝘𥝘音发孚也，蔑与稊音義同

荀子莫𫝜一好，一好谓纯一其好，思虑不杂也。

杜牧晚晴赋八九之红芰，芰菱属也。菱花色黄，此言

文渊阁南纸店製

紅蓋誤以芰為蓮

左太沖劣前人之賦多夸而自為三都賦亦不能免。

[illegible]金附俚語謂倪寬前人剏為「与些田地」。

子貢方人　方比方也。

李賀雲根數幅蹋雁沙、〔按〕沙或作紗為佳

二京賦　陁豕陊豸　注云陁崩也　圯也　陊落也　又吳嶽為之陁

雉堵注云陁堵崩落也　左思吳都賦　精曜潛頹古迴　哲勅力陊

直氏山谷字皆有兩音。

陳平負郭大槩言其靠城郭耳。

咄嗟若驚嘆之謂也　或改石崇傳咄嗟而辦為呼嗟而

北京東四南大街

辭者強為說耳。

顏延年五君詠阮步兵末云物故不可論途窮能無慟。物故世故也。一世之事舉不可論。【按】故字作轉詞猶固,以下句為向句,或作敬焉嘆句亦可。以物故釋為古人尤無據。

卷九

開元間呂延祚以李善陷于末學,乃再為集注,乃不知五臣競為撮心也。【按】此說對極。

李廣侍从奴說教奇之教音為所角反

七哀、大抵人之七情喜怒哀樂愛惡欲之殊,今而哀戚太甚,其他皆無,惟一哀而已。【按】此說亦牽強,然較刻向為勝。

文淵閣南紙店製

傳咸長虞贈何邵王濟詩云雙鸞游蘭渚二離揚清暉李善曰漢書注長離靈鳥也既以爲靈鳥又以爲日月何也揣詩意靈鳥爲得

老杜蘭風伏雨秋紛紛謝靈運初發都云：述職期闌暑，理棹變金素翰曰闌暑夏末暑闌也闌乃常用之語謂薰風闌盡將變而爲涼風也一本闌作蘭古字通用【按】通用不得。

艸尔按楚辭曰游蘭皋与蓮林又陸士衡招隱詩云结風佇蘭林蘭蓮皆艸也【按】蓮林之林是形容詞這蓮如林。蘭林蘭爲形容詞，否則佇字便沒有着落。

北京東四南大街

禮記內則，庶羞則有爵鷃蜩范等物。鄭氏注云：蜩，蟬也，范，蜂也。又荀子致仕楊倞註：南方人照蟬，取而食之，則知「承蜩」者取以供食耳。

決字俗作决，蓋為韻所誤。易決[夬]也。剛決柔也。不應有二義。干祿字書以决入俚俗書。

[前]漢趙過始用牛耕，石林援冉伯牛司馬牛皆名耕以證過以已用牛耕。又云犁牛之子騂且角，孔子時已用犁。李子以為以駁雜之犁為犁牛耕之犁，以石林為非。[援]犁訓雜，是後起的[初]犁過之地生熟相錯，所以才借用犁字形容犬馬的有雜色的。

舊唐書武后問狄仁傑曰朕要一好漢使有乎新史易为奇士通鑑則為佳士但曰奇男子可也【按】還是舊唐書好。

臯陶謨：「翕受敷施，敷按史記訓普，不訓布。

新唐書吳湊言宮市曰宮市大抵強買民間物。

孟子：吾不惴焉，謂不使之恐懼我也。

中庸君子之道費而隱，費，用之廣也。

漢元帝時西域初置戊己校尉已校尉……李子曰：戊己居中故取中國之象以制四夷耳，何但居西域之中以臨諸國乎！【按】黃文弼羅布淖爾考古記木簡考釋一八五頁：

北京東四南大街

以戊己校尉非有天子詔不得徵發，故以戊己校尉為中央校尉也，

孟子曰樂歲子弟多賴 有所恃而為善之稱也【按】李

治又以訛人為賴子，實在是無（上）賴子。

於老杜討求之過當是與言詩【按】所舉例極是

魏略附董尋上書曰「……而使穿方……衣冠了鳥」穿方舉土

方了鳥音料掉，謂腰膂四支不相收拾。

急繕 言急則不敢慢也，言繕則若繕修，嚮然知訓急

為堅改繕為勁，此何等語耶。、

卷十

陸士衡君子有所思末云宴安銷靈根酖毒不可恪李

文淵閣南紙店製

治謂不可當倒恪慎也■可不恪則言不可不慎〔按〕不可二
字未倒恪互釋守言宴安可以銷人灵根有如酖毒急
宜舍之不可安之守之之謂也
皇甫士安三都賦序云二國之士各沐浴所聞……張銑
注大■謬　沐浴乃浸漬於本國所聞之語也。
典論下筆不能自休正斥其文字汗漫。
司馬溫公付太白大如李……而不成蹊布路歸，皆無誤。以
為誤者未加校讎之過。
孟郊得第有一日看盡長安花之句想見其人〔按〕市上有吳雯書聯亦数此句見卑下。
阮籍詠懷詩三楚多秀士朝雲進荒淫，若孟康漢

北京東四南大街

書注云：舊因名江陵為楚，吳為東楚，彭城為西楚。孟說良是。

晉書山簡傳：襄陽人歌曰日暮倒（上声）載歸，茗艼無所知。復能騎駿馬，倒著白接䍦。按：李治說倒著白接䍦發音很对。但以酒困而倒着，似不對。因為詩並非嘲笑，而實在還有稱他豪邁的意思，所以後倒著是說他不在乎正倒之謂，酒醒即換馬騎，不及正著也。

春秋左傳鄭人畏其又迂也承，或以承為語佐，非也。承即懲也，承一字為句。

天城田氏室呂病寒，日取石燔之；趙氏室尚病熱，日取石冰之；金元时改留用此法。

文淵閣南紙店製

子曰：麻冕，禮也；今也純，儉，吾從衆。孔曰……純，絲也。絲易成，故從儉。

李椽鄒注，以為務為純質儉約而已。

李白送別十六云「我非東床人，令姊忝齊眉。」齊眉必別有所出，若用孟光字則全不成語。「按」下又有撫妻莫邪劍，華有二龍隨。宗十六璟■■■乃與白有此深誼，可以叙家常。又繆刻本言「討題烏江」，疑誤。彼蓋誤以西霸王刎於烏江者，而不知由蜀入黔，另有一烏江也。又「宗」字，李作「送」。繆刻本疑■■■「宗」字誤。魏顥李翰林集序「始娶于許，又合於劉，次合于魯，終娶于宗。」李華故翰林學士李君墓誌說他有

北京東四南大街

手曰：「伯」「禽」「天」「然」。長能持，幼能辯。那末「宋」字應該作「宋」，而所謂二「龍」隨，即指「伯」「禽」「天」「然」，則東來齊眉之義自解，蓋宋十六環白內■中也。

子曰：「默而識之，學而不厭，誨人不倦，何有于我哉！」鄭：「無是行于我，我獨有之。」疏曰：「它人無是行于我，我獨有之。」晦庵曰：「何有于我！」言何者能有于我也，三者已非聖人之極至，而猶不敢當，則謙之又謙之辭也。南軒曰：「汲郡呂氏曰：我之■道，舍是三者之外，復何有？」朱熹無不能解，頗着意於南軒，李塨以為應釋為：「怎麼儘得，我更要甚？」我以為，「于我何有哉」，是很簡單的意思，即：此諸事非我所專有，人人得

文淵閣南紙店製

而共之。這樣子罕篇也可迎刃而解，而与孔子言行相符，也可以看出其為人想見其氣概。

公穀謂：春秋日之者皆有事，而竊未敢必。

「聃」字韻注他酣切，耳曼無輪，又老氏名也。聃字韻注丁含切，垂也，好也，冄也。

後漢杜林傳曰：「天之所助者順，順當作信。

李謂：有以名從姓，如倡優家兒，[按]蓋元有■此俗。

予、台、卬、我、吾五者一也，而於一二句之内言之〻从异輕重之辭。

蘇子瞻：峥嶸依絕壁，蒼茫瞰奔流。「蒼」「茫」皆平聲

北京東四南大街

今用之仄声。李君按：莊子適莽蒼者，三飡而反，腹猶果然。莽蒼並仄声……蒼從蓋去莽蒼而倒之，何足致疑。

曆法不齊，蓋由布算之時，不論分秒之多寡，悉剪棄之；定位之时不察盈虛之淺深，遂強命之積微成著，寖久益乖。

董仲舒傳制曰：虞舜之时，游於巖廊之上。音灼謂嶺峻之廊……蓋三尺之階，已得謂之高明，故云巖廊也。

東坡詩九萬里風安稅駕，雲鵬今悔不卑飛！蓋用阮嗣宗咏懷意。

莊子至樂：各止於實，義設於適，是謂條達而福持。福亦當作幅，木之有條，其氣足以達之；布帛有幅，在人足以持之。

卷十

晋书王沈有四。

孟子：不下带而道存焉。……此所谓不下带者，不待上下视而得之者也。

何点齐书赞：「遑恤」国家，「当作」「妇家」，必后人傅写之误。

王弼注易，邢畴作序云：臣象無舞之年，畴自谓年十五始入学也。

静言庸违，静言安静有理之言也，静则对乱言之。庸用也，……言则甚美，用之则常自违。【按】静则与庸为对词，即平时会说，做起事时便和说两样了！」

因論存中而及九歸、金時有九歸。

又進不隱賢、不蔽賢材也

又見戴孟、祿萬鍾，孟祇是乘軒。

黎軒善眩，眩亦讀或讀幻。列子稱西極之國有化人來〔按〕

此必漢人增入者。

古不修墓，不使荀蔺至於重修耳。此說甚是。

趙岐：治儒術之道，似不成語。

東■坡向古黃金何往。李子曰是靡耗者衆。東坡乃

謂寶貨神變，復歸山澤，嘗此亦與顧愷之謂妙畫通靈何

以異。

文淵閣南紙店製

武珪燕北雜記云契丹行軍不擇日用艾和馬糞于白羊琵琶骨上炙破便出軍李子曰……出鏡表卜甚多有骨卜田鼠卜螺卜雞卵卜牛卜米卜箸卜箴卜

逸文一

杜預：鸞在鑣，和在衡，是。

左傳鋌而走險　鋌，勁健也，即疾走之貌。

昧爽丕顯，後世猶怠……蓋古先明主憂勞政治，當其昧爽之時，日辭已大明矣。祖宗勤勞如此，而子孫猶復怠惰。

左右二字从屮声则为两寳从去■声则为从己

老子傳君子得時則駕不得其實則蓬累而行蓬累者

北京東四南大街

謂迴隊而趨。

廉頗三遺矢，惟矢溺之說最近，蓋即久飯畢，三次登溷。

父命子，毋得謂公見罷錯……公毋令汝之類也。

隤竹林方犍〔揵〕石菑，李說識非，他祇從臆測，不从治水實踐而來，所以不對。隤，欲意以隤為蕢，伐甚是。蓋即講溝洫志中所謂「下淇園之竹也」。師古曰：揵音其偃反，毋是。如淳曰：樹竹……以草塞其裏，以土填之，有石以石為之。此即李冰法也。

言漢陵殉葬之豐儉，忽卻說多了矣。

北齊高緯時，穆提婆、韓長鸞、閻壽陽，偕握槊不輟。

通鑑注：槊長矛也。治曰：此蓋為棋槊之槊，長行局也……即今

文淵閣南紙店製

之達陸。

李白「子伯」翁为高加與徐補監官慢悔翩神以死，李以为不肖，〔接〕我以为肖。由此益可证李白的疾世愤俗的精神。

郡守官府所得称朝，大夫朝者天子諸侯王之所居也。

自昔上衣下服，皆有緣，今皆無緣，非其制也。無緣則古犯大辟之服。

三緘其口，謂緘其口者凡三處也。或曰：金人焉三，斷句所通。

荀子謂蠏六跪，楊倞曰跪足也，韓子以刖足為刖跪。

許慎因之亦云蠏六足。

王符潛夫論曰：小兒多病傷於飽。又曰：哺乳多則病癇。

北京東四南大街

文大着筆每一簡用筍葉及毛雜膠鰾綠漆等黏連

其背，又用漆一片其邊。

元時聲人稱命見李顯條，（按）顯言極有道理而在封建

社會中是做不到的。祇有在社會主義社會眥背日少，[illegible]即有

也能就業。

前漢，周陽由傳，同車未嘗敢均茵憑，茵蓋車中之物，或因土

以最名也。

阮籍詠懷云李公悲東門，蘇子狹三河。

解不求甚解極是。

文淵閣南紙店製

解顏真卿校書笆爰斯之誤甚是

王川子月蝕詩云歲星主福德官爵奉董秦忽使黔婁生露覆尸無衣巾玉川從之為正東坡由之為失

佗佗許乞貌之二切為壯勇貌皮日休鹿門隱書必抗字之誤抗動也五忽反

野馬乃澤中之氣耳韓偓劉師道皆以為遊塵誤矣「按」張揖云非野馬之細塵不得謂之水氣正其義也亦不言澤中之氣即理亦許地塵也

東坡蓄墨二文有文公檜鬍臘墨六字自然不知李治解為檜當是作者之姓名耳鬍臘則所造之歲月鬍亂也當是歲陽值子臘則十二月也「按」此說非檜鬍臘是墨名是造墨之別法已失傳■其法或以檜以鬍■為臘而薰

北京東四南大街

成之，世未可知。

陸德明云古者以詩什編為一卷，今言篇什不对。

古文用韻隨旁上下皆得通，若冬東江收旨有語收歌麻陽庚加哥馬屋角皆可通，至入聲多兼五六韻者

琴無拍祗言奏謝希逸琴論云明調三十六拍胡笳明又其拍……果是希逸語否……乃後世琴工相傳云耳[按]此草曲皆胡笳非琴曲特改制入琴者而拍仍之故柔易為奏。如胡笳加十八拍以笳加[illegible]吹出与以琴擬出其調性自異，而稱其拍仍前耳。

附錄

文淵閣南紙店製

翰林視草，惟天子命之；史館秉筆，以宰相監之。特書佐之流，有司之事耳，非作者所敢自專，而非非是是也。今者獨以翰林史館為高選，是工謏而善緣飾者為高選也。吾恐識者羞之。

吾聞文章有五不必者，為去一苟作，二循物，三欺心，四蠱俗，五不可以示子孫。

文源附錄二　林義光作　一九二九版

引用彝器異名箋

僕兒鐘　愙齋集古錄（以下略稱集古）卷一僕兒鐘
周金文存（以下略稱周）一補遺余義鐘

〔注〕另本抄錄以便檢查。

文源

𠃍 凡从𠃍之字皆以人為義，實見人字，屈下體象跽伏形，說文云：㔾，𠃍也，闕。按即𠃍之反文，不為字。

亢 籀文大，改古文，亦象人形。按說文从亢之字与从大不容相混，而古無别，如奚說文从亢，古作[?]南亞从大。

夫 秦刻石大夫作夫二，蓋夫与大初皆作大，後分為兩音及義，乃加一為夫以别与大。按此說对極。氏与氐通，後也加一畫以示區别。加「一」一是指示符，後人把它列入字的組成部分，許氏就臆說，反說夫象先簪，古字無文簪。兩點亦是指示符，如[?]作[?]作[?]，口作日，日(是)作⊙也，不是陽氣之精也，(點)衹是指示符，恰和口

文淵閣南紙店製

口古相混。氏氏乇這個點也是指示符，也不是種子的
意思，指「根在這兒」的意思。許氏一方由於讀金文過少，
而主要的是由於唯心主義的見說，使他反而不能認識
古字，而如真字出土，章太炎反而說是█偽書，所以不
能救自己的失錯。倘若能實事求是，則他們的聰明智
慧，必更能有所見。

四 說文云四，陰數也，象四分之形。按許意謂口象四方，
中八，八者分之，謂分為四方也，然古作四不象四方，即象之古
文，獸口也，象口鼻相連之形，象四古同意，訓昆夷亢矣，
雖其象矣。自說文引作█，犬 昆犬古用意 与四矣，是也。獸 中口鼻

北京東四南大街

相連，其息以喙，故引申為息，方言呬息也（呬虛戶四之或從）。〔按〕此為微殴字。古〓始作〓，方象角形，作變為〓耳。（釋為古息字是。以殴以為四）

〓形易如〓，變作〓。

〓說文云：囪在牆曰牖，在屋曰囪。按古作〓（毛公鼎），黃即作〓（吳彝，蔥衡）。

〓（克鼎、寡彝）不象窗形，吳氏大澂以為蔥之古文，是也。象蔥本之形。

〓說文：民，眾萌也。按古作〓（盂鼎、齊侯鎛），作〓（沮子其），象草芽之形。當為萌之古文。音轉如萌，故後制萌字。草芽茁田者，引申為民之民，其轉音則另為氓字（萌氓古同音）。然亦假萌為氓，史記三王世家「姦巧邊萌」（上林賦「以贍萌隸」）皆是。〔按〕〓字的點不是指示符號，是象形，被從破的種子殼兒。

文淵閣南紙店製

氵　說文云：巛象衆水並流，中有微陽之气也。按古作氵（静敦池字偏旁）。氵象水流者，乚象水流，皆凡水之旁，非指衆，衆川並流也。亦作氵（宗盤沙字偏旁）。［按］沒有東西象微陽之气。

亞　說文云：亞醜也。象人局背之形。賈侍中說，以為次第也。按古作亞（南亞彝癸），不象局背，䢼（苦引切）為宮中道，亞亦或作亞（據古錄卷一之二析子孫彝亞形），則亞當為序之古文，廡也。象形。序亞古音同。［按］爾雅兩壻相謂曰亞。

車　車不从三弋，象形輿。

非　爿（爿音牀，陽韻）　說文云：爿反片為爿，讀若牆。按疒（矢）古作爿，人之反文，倚牀。寎、寤、寐、寢，并皆从疒在屋下。考爿並有牀象，實即牀之古文。古彝器多作非、亞之文，舊皆釋為析子孫象

北京東四南大街

□形，伸手上抱子，非孫字甚明。析古作□ 格伯簋，非亦非析字。又骨文作□ 愙齋集古録卷十七、六父丁鬲；鼎文作□□ 攈古録卷二之二析子鼎，實皆為爿上抱子形，古以為銘之吉語，與詩乃生男子載寢之牀同意。非爿比皆象床，自上視之為非，旁回注象四足。旁視之為爿，見床之〔半〕兩足也。□ 臂 字从尸从几从丌，丌亦即牀字，與此互證。非亦變作□ 向彝 〔□〕這說法對極了。許說片反文是不对的。

□ 剌字之始，蓋作□，變作□ 伯晨鼎，又作□ 頌簋。

且 且 又作□ 作册般甗 尊彝乙 从二肉在俎上，說文从几足有二橫，一其下地也。〔□〕說文以為是側形，實是鳥瞰形，所以一其下地說法，都落空。

□ 象形，或作□ 兮熬壺

文淵閣南紙店製

良（陽韻） 說文云：良，善也，从畐省，亡声。按：古作良（季良父匜）

作良（司寇良父壺） 作良（季良父盉） 亦不从亡，當即量之古文。良象量形。

此象量器形，口曰其旁兩耳，古一鬴之量，其耳實一升，覆之其臀實一豆，蓋以一器兼三物之用 量 从重省，良声

當為良量之或體。〔按〕此說極是。王莽嘉量是其遺制。中間

點，也是指[illegible]亦从付覽，指它的容量。

斗 說文：象形有柄是。林以為象形稍不類，這種是

提酒漿之斗是液體的量器。升 升是

斗的小者，所以加一劃以為別。詩「維北有斗」是指有柄的。

匹 匹 不從八，象布一匹數摺之形。

斤 按斤最初一定是斤，這樣的。後變斤斤之形

[illegible] 皋 從頁 音咎 伯晨鼎䡞字偏旁 當即橐之古文，弓衣也，象形，上有繫。

皋橐古同音，說文釋非。

[illegible]〔按〕足之正前方，以•示之。•仍為指示符號，是也，失所

止也，都落空。楊樹達釋曰為城，失之。蓋城不應作•或●也。

[illegible] 新〔按〕[illegible]從又象亼銓以合亼也，非。[illegible]古文作[illegible] 雍(?)甲彝 象

新面星紋，後譌單。斤聲。古文好熊把熊爪特别放大作 這(?)倘(?)

新字[illegible]也，把星文放大出来，如果省略它，則為[illegible]從斤。

[illegible] 部 鐘(?)象釘形

[illegible] 按古作[illegible]，[illegible]象杵舂。篆作[illegible]，[illegible]正杵字〔按〕骨文作

[illegible] 示象杵，象縕(索)之捻，与互互通，互互為捻之弛者 又相勿杵，此三者之關係為何若！

文淵閣南紙店製

日知日录　第四册

日知録　第四

日知日録　第四

曹京平

標　説文从二示非。按此与算同字，六縱四橫，象布算之形。

卷二

[illegible]　即象肉形，自或作[illegible]（楚公鐘），[illegible]作[illegible]敦，[illegible]作[illegible]（楷伯簋）【按】無為指示符，言此即肉的突部分，省去的作[illegible]

[illegible]　舌不从干，囟中从干。

[illegible]　已音范，[illegible]函同意，ㄱ象伸舌，ㄣ象頤，⋮故頤謂之頷。

[illegible]　説文云乳通也，从乞子，乞請子之候鳥也。子至而得子，嘉美之也。故古人名嘉字子孔。按从乞至得子為嘉美，説已迂曲，且非孔

北京東四南大街

字本義。孔，通也。古作 曾伯霥簠 本義當作乳穴，引申為凡穴之稱，乚象乳形，子就之，以明乳有孔也。〔按〕白盤孔作

當為象以襁子就乳形。

〔按〕中指臍，自約兩兩手於腰。

也 音宅 歌韻 說文固非，當為首施之施，古字施从也得聲 古音也同音 後漢書鄧訓傳「首施兩端」，施即尾也。通志氏族略，魯公子尾字施父，又因謂之施，馬尾乾謂之乾，皆與施同意，而有尾義，古作 歸夆敦 象獸尾後着尾形，乚象尾，與 諆田鼎 敢字 从乚同意，與手象手持鞭乚亦馬後也。或作 𨙸也也人𣌭毀作 齊侯匜

古作 歸夆敦 変作 邾公華鐘 不从卑，當為羿異之古文，

文淵閣南紙店製

朩 从木多其枝

世枼 世葉 象莖及葉之形，引伸為世代之世。詩：昔在中葉，傳云：葉，世也。世泰韻，葉葉韻，准又声旁轉。〔按〕漢七葉金貂亦世意。

不 說文云：不，萼也。其說不可曉。亥萼也，古作不（大豐簋）（尊彝）作不（兜尊彝）一象地，丁象根發在地下形，或作不（秦彝）（庚）丁象根自種而出，又變作不（陳侯鼎）二亦象地。〔按〕一象地，二不象地。郭沫若先生云：陳財敦之丁變作𢆉𢆉，可证林說。二象莖出土。核孩皆从亥，可為旁证。

風 不从虫 𠘨象形，非虫字，乃象（泉小篆作𠘨 乃亦穴形）乙象風出穴形（宋玉風賦：空穴來風）〔按〕古文都作風字，借鳳喻之，風為後起的字。

州 出敬 象水中有地可居形 古作州（散氏盤）

凷（凷 徽韻 音鬼）説文云，凷，墣也，从土凵，凵屈象形。塊，俗凷字。按古作

凷（彔簋 彝）作凷，（取 彝）作凷，（𠄞凷 彝）作𡉚（辛 𠀠）取彝戍于凷𠂤（𠂤即堆之古文）凷

𠂤疊韻語，土高之貌，經傳或用壞隗（左傳成公十六年，公出於壞隗）或用魁堆（楚辭天問）

（魁堆 [illegible]）或用畏佳（莊子山林之畏佳）實皆凷𠂤之異文。凷字凵象土塊，佳律

丰，皆象其上艸根之形。〔按〕凵中有點者，亦為指示符號。

吉（吉 徽韻 居費切）説文云，吉，善也，从士口。按士口為吉，非義。吉

凷古同音，吉字古或作吉（陳侯鼎），与凷形近，實是一字。按吉於

古字義不顯，取彝師雍父戍于𡉚𠂤，遇甗作師雍父戍在古𠂤，

是古与𡉚同字。古（模韻）凷吉（徽韻）亦雙声旁轉。古作凷（[illegible]甗）作吉

（西伯 綏匜）作凷（婦闢尊彝癸 姑字偏旁）于省吾釋丘（[illegible]）三，凷在口上。

文淵閣南紙店製

丰即害之省，害徵韻，丰泰韻，双声旁转。害字从宀丰声，是害声

亦转入泰韻也。按骨文作[glyph][glyph][glyph]，王国维谓象二珏在器之形。

冎 丹 寒韻 古丹沙以柝盛之，庚赢卣、尊彝之锡贝十朋又丹一

柝是也。冎象柝，象丹在其中，古作冎。说文云冎古文丹，按古作冎

無冒鼎丹沙如此，亦丹形，与彤形近字别。

㔾 尼 徵韻 於革切 说文云，尼隘也，从户乙声。按古作㔾，毛公鼎以为軶

字，实即軶之古文。詩韓奕篇鞗革金尼。象轴一辕一軶フ軥∩之形。軶一名衡，

本有二軥，状如

以扼两马之颈，∩但象一軥，乃略形也。若

象全形，当变为[glyph]，倒转为[glyph]，即㔾字，篆作尼乃㔾之形讹。

係 佣之韻 音鄙 夂 象带形

北京東四南大街

帶 帶 素韻 說文云帶紳也从重巾〔按〕丿乚为身之側形。一为帶。

巾 按巾象戴，一帶也。

保 即緥之古文，丿象緥形，子在其上，人背負之。……詩佛時仔肩

蕭之 仔肩作孚，即保字，故训为任。亦作㑥 各彝 蕭通尊 从任注

鼏 鼏 青韻 音覓 周礼廟門容大扃鼏七個，即易玉鉉大吉也。按

冂古与冂同字，此非冂声，冂象木貫鼎耳形，經传皆以扃为之。又儀

禮多云設扃鼏，此鼏字古文为密，本多作冪，覆冪也。冪与鼏易

混，遂相亂。

八酉 酋 尤韻 酋酉音近，古尊奠諸字或从酉或从酋，古与酉同

字，八象酒上溢之形，与八皿八益字同意。

文淵閣南紙店製

　朱氏駿声云，即戣字，書一人冕執戣，顧命鄭注蓋今三鋒矛也。

　象之甲象在樹中。〔按〕羅振玉亦有是說，郭沫若先生以为無可疑義。

　栗　音劇　按釋名云齊魯間四齒杷為欋，書一人冕執瞿，顧命鄭注与戣同，失之遠。

　質　本義為椹質之質，質古作象椹形，二斤並置其上也。

〔按〕質不象椹形，特与椹形同耳。

丁　丂　即可字

　詩平平左右　采菽　左傳作便蕃　襄十一　是平音亦轉為蕃也。

蕃与釆同音

北京東四南大街

 下垂狀【按】即相髭須

 上之下而，兩端也。

 音午【按】羅振玉以為象倒人形

 為白之或體【按】林說皆与霸同象物白魄然虛起之形。

待攷。

 玄幺 象絲形，本義為懸。釋名玄懸也。為懸物在上也。懸之

義為虛 左傳宋好而讀為懸聲 僖二十六 懸當為玄之借字

 予 音舒【按】象環之下系，反也，推予也。

 幻 宗鏡【按】象環之上系，本玄義。玄从系，幻从環，皆白虛

文淵閣南紙店製

意。

乃（呂之韻） 乃即始之本字，象物上端之形，始从台得声，台从㠯得声，故始与㠯同意。音（頌鼎皇母𩰫始，始即姒之本字，長婦為姒婦，姒，始也。稚婦為娣婦，娣，次第也。） 古今相承训为初，乃假为乃字也。

㠯 古作㠯（毛公鼎）作㠯（邾公華鐘祀字偏旁）作㠯（都伯鼎祀字偏旁）象物下端之形。经传假㠯字为之。乃㠯同音，其初當用乃字，象物始終之端，（後乃以乃象始，以㠯象终耳）

〔按〕不应同音同字。凡此等字多為双声或疊韻，後世多通之。

十 〔按〕十即丨加一指示符號。九是数之極，十是虚位，而又復為丨，加以符號，与以區别耳。

𠔿 〔按〕繩之终。點象结。

己　廣雅：己，紀也（釋言）。釋名：己，紀也。史記東方朔傳：朔初上書，人主從上方讀之，止輒乙其處。乙作乙，傳寫誤為乙耳。〔按〕說文紀別絲也。淮南子泰族：「繭之性為絲，然非得女工煮以熱湯而抽其統紀，則不能成絲。」王宗涑說文述誼：「統以總眾絲言，紀以記別各絲言。」禮禮器：「紀散而眾亂」注：「紀者，絲縷之數有紀也」。說苑權謀：「袁氏之婦，絡而失其紀」。禮樂記：「中和之紀」注：「猶綜理也」！紀所以約束絲者也，絡絲時則散其紀，所以紀己是象形，即束絲之紀，合數紀為統。識之義後起。

士　說文數始於一終於十，孔子曰推十合一為士，按推十合一無義理，恐非孔子語，古十作十，士作士（郘公牼鐘作士，克鐘無作土者），明非從十，

文淵閣南紙店製

工象構作之形，与工匠同意。詩勿士行枚，論語雖執鞭之士，孟子不能治士，士皆訓事，今作事，係史字為之。

五 〔按〕五無陰陽交午之意 明刀作乂，差而五百作五 敦文尊

𡿺作凶，[illegible] 古金待問錄吳聖幣有乂字者。

丩 丩 相糾繚也

叕 叕 音啜 秦說 說文云綴聯也、象形。

不 而 葉韻 匸象也、象等葉之形、

人 入 按象銳端之形、形銳乃可入物也。

井 ‖ 象二物之直已拂戾之。

北京東四南大街

甲 月 陽說〔說〕不从一，月入甲也。乂乂即甲字

只 只為辿之專。从口，注：象物形，八象分岐形。……詩跂彼織女大東傳云：跂，隅貌。亦取只八字之形，織女三星，其位恰如八字也。

所〔說〕以斤別物為二，凡象物遇斤析為二形。

丫 象分岐之形。

丸 丸 疑先作◎形，變乃作丸，◎象搏物為丸，中有凹痕未合形。

昆 不从日，樓从比，注：◎象渾沌之形，古有昆侖字，昆 疑昂昆字。

口 象周圍■最括之形。

冂 冂 禮曾 平下 四方四旁本字如此，邊際也，兩方旁古音同，或

文淵閣南紙店製

作內〔按〕儀禮柄皆作枋，但骨文方不作丙形，祇作方兮丙丙

古字燕尾魚尾皆作丙形，有際的意思，也有■旁的意思。侮中銛

說文象某形制衣，但木大像，我疑是鳥尾順風之象，也許有■可■能。

㒳兩　按从二兩相合，各有邊際也，或作冂　小臣麥尊彝　錫鼎　鳥兩　誤从丙

為之。

㒳　篆文𦂅　古作𠔉　象兩兩相附之形，方言𦂅耦也　十二　此當另變之。

与麗不同。

卷四

是　說文从日正無此義，古皆从予是實㫃之古文，跛不能行也。日象

人首𧾷象手足跛倚弛僈不行之形，荀子雜進曰偍僈，楊倞注謂弛緩也。

北京東四南大街

行貌謂之偍偍（說文）。詩好人偍偍，葛屨以提為之，並当作是。跂人於提挈，故提

字从是得声。提，象行弛緩，其引伸義為安諦，故說文媞諦也（釋詁）一

說文禔安福也，皆以是為声，是非之是，亦由安諦之義引伸，當作

是（鄭公華鐘） 止是（儀兒鐘）

𠙴 曲 按象曲竹，魯公伐郑鼎：錫公宝鼎大曲彤矢，大曲弓名。又匿

匡 許氏飲器筥也，从竹，可证。

秃 不从禾，象髮踈。

文淵閣南紙店製

㐱 今 音津 說文云㐱稠髮也。从彡人声，詩曰㐱髮如雲。

慶 不从鹿，上为音，本義當為喜

[篆形] 夒 象夒形

[篆形] 湎 雲覯 詩天不湎尔以酒 蕩 箋云，天不同女顏色以酒，則湎為飲酒形，擇顏色之義，字亦作酾 淮南子脩務訓沈湎耽荒 古作[篆形] 毛公鼎 作[篆形] 孟鼎

从水或从酉 注皆舒 [篆形] 皆象顏色湛湎之形，墨子武觀云，湛濁于酒，渝食于野（非樂）濁蓋湎之誤字。[篆形]形比肖与蜀字近，若作[篆形]則無由誤為濁也。

[篆形] 夏 音户 【按】骨文以蟬為夏，金文或另剏其文歟？

[篆形] 按 [篆形]与[篆形] 夌 [篆形]与[篆形] 夋 [篆形] 凡 与 [篆形] 王孙鐘 字偏旁

皆同字。要字篆作[illegible]，古作[illegible]（克鼎）。自字篆作[illegible]，古作[illegible]

鐘（宗周）是兇，亦嘗與㚇同字，左傳曹人兇懼，兇懼猶悚慄，乃兇之借

義。爾雅釋鳥其飛也㚇，注疏翪矣，是㚇與翪古同音。

[illegible]（艮 文韻）說文云，艮很也，按匕目乃人之反文，目象怒形。

[illegible]（瞓 音刿）目裹也

[illegible]（䀠夰 音攻）舉目驚𡗗然也

[illegible]（[illegible]）說文驚走也，古作[illegible]（伯侯父盤），作[illegible]（弭仲匜）字偏旁，象人從耳

兩耳。

[illegible] 𠂊象人，𠃌張口形。

后 說文后繼君體也，按義意不明，𠂆是人反形，[illegible] 人[illegible]

文淵閣南紙店製

有用口喊示後，呼為徒也。

[illegible] 吳　譁譁之譁，歡娛之娛，並與吳同音，實皆以吳為古文。

孟子驩虞如也。詩，不吳不敖，絲衣不吳不揚。許史記作不虞不驁，武帝紀

漢衡方碑作不虞不揚。

[illegible] 哭　从㗊口 ■ 之象人嚎啕[按] 用四個口識其哭聲，如

[illegible] 如 [illegible] 或作 [illegible] 又 㗊 从四口 又 [illegible] 象四足。[illegible] 象彊

都是■示意。林說从犬非，甲骨文作 [illegible] 作 [illegible] 蓋喪字也。从亡。

此蓋古喪字，哭人已彊亡者。[illegible]

不从犬，从天，犬象人搖手。

[illegible] 亦作 [illegible] 即奔字

北京東四南大街

躳躬 東韻 說文云，躳，身也。[按]不从呂，後象脊椎之骨節，前象腹

䙴䙴 音[illegible] 說文升高也，从舁囟声。[按]林又以為西省声，䙴無匊西声，囟不从西，象果，象伸手樊手登以摘果，當即古摘字，引伸為䙴

[seal] 虘 說文是

[seal] 蒙冡 東韻 說文云，冡，覆也，从冃豕。按冃豕非義，古作[seal] 卽王敦 𡨄字偏旁 象豕首多毛覆蔽之形。說文云，蒙，王女也，从艸冡声。按經傳無冡、蒙字，覆冒之義皆以蒙為之，古作[seal]，亦与蒙形近。蒙本義當為覆，王女即女蘿，亦稚謂之唐蒙，此疊韻語 陽聲 韻轉 無本字。[按][seal] 不从■豕，不从艸，說文釋為王女，是其義，但又

文淵閣南紙店製

附会从草冢声为为义反不显。周易折中程传：蒙，物之穉也，是其义。蒙女蘿之花蔓下而披覆之貌，其原意为[古文字形]意愈显然。程传说蒙有開發之理，是其本義，以其并象披覆，所以也有蒙覆的意思。甲骨[古文字形]释冢（丁山），按即幪之初字。

觲 臻說

說文云：觲，用角低仰便也。从羊牛角。按羊牛角拄低仰義不显。古辛或作䇂（鼎䢃），觲从䇂，即辛字，从角低仰形，从角注䡅，辛声。说文引诗觲觲角弓，今本作騂。觲偏旁亦得从辛为之。说文：垟，赤刚土也。廣雅作埲，释地。周禮草人：騂刚用牛，故書作騂。

按甲骨文辛作[古文字形]等形，没有羊角的意。觲成为騂是这样来的。羊牛角的原意，是会意，如羊牛角的刚利，牛羊

北京東四南大街

角的顏色，言赤黃色。騂是後起的字，詩魯頌駉「有騂有騏」傳，「赤黃曰騂」。這個騂是赤黃的馬。這兩個字（觲和騂）沒有演變關係，祇有代替關係，用騂代替牛羊角的含意字，因騂是赤黃馬的特定名稱，牛角顏色不是，所以以騂代觲，被觲為[illegible]明顯。辛決非從羊演化或射注而來的。又觲之角弓也，祗是形容它的顏色赤黃，它的剌作𠟭勁。（騂在甲骨文作[illegible]，甲骨文其角象顯，故不從以角字，是羊牛角本字。）

校註　音良　按思玄賦 武 戴勝慭其既歡兮，注曰，慭，笑貌，慭為悅為笑貌，則亦張斷之義。詩不慭遺一老 有 之義，箋云，慭者不欲自彊之詞也。國語慭庇州犁焉 音 諸 吾慭寘之于耳 楚語 慭猶訓為甘為願，寧之義，皆心不欲而自彊之意 猶言姑 言且 與張斷而怒之義無合

文淵閣南紙店製

㹜字經傳不見，當与慭同字。慭从心，即㹜之訛也。〔按〕㹜从二介，這
個字完全是會意。

𠇲 勿 音昧 〔按〕甲骨作𠇲 㣺，胡光煒曰：勿或作㣺，余緣文義
為勿剪勿伐之勿，左卜辭与勿異字，勿為之者，其義為雜色牛。
這很对。彡象牛背，彡象雜色。牛以純色為尚，雜色為勿尚。
省牛為勿，寓雜為物。林以為非之或體字，不对。

每 每之韻 [illegible]以切 說文：艸盛上出也，从屮田声。按左傳：原田每每。僖二十八年
韓詩：周原腜腜，以腜為之，毛詩作膴。〔按〕上从象長髮，与若同。

𣎵 𣎵微讀 即墨切 当為蕢之古文，草多皃也。

㷭 按火為𤎫者不显，𤎫字形不古，非烋字，形宜取声，當作

北京東四南大街

[seal] 象禾穗成熟實可收之形。

[seal] 袁 說文云[seal]衣長皃，从衣，叀省声。按叀為叀不是叀

袁系不同音，古作[seal] 師寰敦寰字偏旁 當為衣寬緩貌。袁古通爰 袁盎漢書

作爰曰匠也 爰有緩義，詩有兔爰爰，爰緩意

凵 象頸之寬，口象衷之寬也。

[seal] 員 文韻 音云 按从口从鼎，實圓之本字，口是口也，省作[seal]

員文 設

[seal] 不从入象

卷五

丂 丏 臻韻 音賓 按古作丂 敔鐘 ■ 字偏旁 象人頭上有物掩蔽之之形，丏从声

旁 ■ 萬，故隸或以丂為萬字 建平郫縣碑 篆作丏 音从丂

頁二十五千

文淵閣南紙店製

冃人之变二乚象有物在其上及前擁蔽之。

无 无
模韻 无从人二者掌之象，擁蔽之使無所見也，無所見
則視之無矣

兜 兜
模韻 象左右皆蔽形，读若瞽

冐 冒
音蒙 説文云，㒄冒突前也。冒从冃从象人目有所
蒙覆形。

夭 午稚跳躍也，此當為夭之本義，古器有夭諫二字者，

夭 昂夭象人大 人形 大象足下有物越之之形，古有 夭 尊 彝癸 字，亦
當為夭，从大乃形之譌【按】這说法很對

夾 夾
談韻 説文云 夾盜竊褱物也，从亦 腋 有所持。按

北京東四南大街

祇象兩脈相夾持狀。甲骨文葉玉森釋夾者夾，郭沫若先生

釋為王母，就文義來說，後者為尚。

今　今侵韻　甲骨作亼今不象口，非倒口之文，林說非是

曶　曶徵韻 音徵　說文云曶出气詞也，从曰象气出形。籀文曶　按倏忽

之忽本字如此，象口出气形，与瞬息俄顷同意。瞬目一瞬，鼻息一息，

俄傾頭一敧側，皆謂速也。

息　息之韻　按ㄓ象氣出鼻形，非心字，古有息彝遄尊　息勤尊

文淵閣南紙店製

乙 彝字疑昜昷之變體。

昜 昜 陽韻 說文云，陽昜開也，从日一勿。按甲骨作早，貉子尊彝亦作早，不从一勿自明。按日象日，一象地，丨象影，地上影由日而來，陰雨則不見，象形兼會意。

㬎 不从白 按古㬎 毛公鼎顯字偏旁 象日光自隙中射入形。

豈 豈 微韻 去匪切 愷之古文，樂也，象豆丰茂上出形。

昷 昷 文韻 說文云，昷仁也，从皿以食囚也。按囚皿為昷，義于曲古作昷 古 懷 徐鍇 一之三昷卣 漢尚浴府燭盤作昷 本義當為煖，象气自皿中上騰形，日氣象，非囚字。昷聲之字多取義於煙鬱，如說文煴鬱煙也，薀積也，醞釀也，慍怒也，廣雅韞裹也 四 釋詁 曰昆

北京東四南大街

也，氣鬱不舒，與煖義近，仁柔之義，亦从和煖引伸。

壺 壼 文韻 說文云，壺 壹壺，壹壺也。从凶从壺，壺不得泄（沖）也。

易曰天地壹壺，按此象气在壺中欲上騰形，非凶字，此與盈音

同義近。疑即盈之或體。

叀 叀 微韻 職緣切 叀 秘格 散盤 [illegible] 叀 無叀鼎 作 叀 毛公鼎 皆以為惠字

古文以𢡈為惠 懷惠 井人鐘 𢡈聖𡨄，即顯聖…… 楊雄酒箴云，一旦

叀礙，叀訓為礙，正與𢡈義合。按甲骨作 叀 叀 叀 叀 叀

叀 余永梁釋為剸，以為用牲之法。[按] 叀字不象車輪，亦不

象車軸，叀 象㯥棵實，亦象㯥莖，金文作 [illegible] 周 [illegible]

甲骨文是奉獻之義，捧聚給奉也。書太甲中：先王子惠困

文淵閣南紙店製

竊民服厥命。皋陶謨：安民則惠，黎民懷之。主要是指惠給民食言之。余永梁釋剌，甲文曰貞不惠邑，惠下貫邑字，邑不得剌，其非剌字甚明，或惠古有捧給義，後祇作給予之專用字。

又三字形相近，常常混淆不清。古人■有不能別白者。〔按〕即鬯黑黍之實加氵即遇水釀酒之義，則為鬯或作象入容器中也。這骨文作說文釋作隨不行也很對，但沒說何所以然來，看字形恐怕象塊根之植物，行遇之而止，以為隨也。

霥 彔遇韻 音像 賫剝之古文，彔剝之物，象果形，木形下之皮也

変作霥頌 敫作霂 或省 霂霎

卷六

㔾頁 㔾頁 云韻 說文巽，㢲。巽生義，非本意義。廣雅巽順也。

巽順之義，當以㔾為本字，即遜說文作愻之變，聲旁轉也。象二人俯伏

相謙遜形。說文顛，選具也。从二頁，按二頁無巽選具之義。巽具

本字當為巽頭卄 頭即㔾之或體，象二人謙遜見於顏面之形

㔾 卩 云說 音宛 按卩轉非多寐有節之意，夕㔾象二人宛

轉形。方言：箄，博吳楚之間或謂之笣■專。笣專即宛轉古字。

卩 音 按■ 㔾㔾不同音，㔾人之反文，卩亦人形，象二人

文淵閣南紙店製

相昵形 嗇昵之本字。

色 说文云象颜气也，从人卪，象二人，与昵与色同意，美色形兒昵之物也。

危 之衛危當为支持之支本字，卪亦人形，象二人相支柱形，危与支同音而通用，故史記貨殖傳，地饒危薑，危煙支也，又千畝危茜，危鮮支也。

皆 居非切 皆从口不从白，二人合一口，僉同之象，（按）实为會意。

僉 说文云僉皆也 按从即口字 兄象人言，見兄字祝字兌字各条 二兄合一口，与皆同意，古或作僉 故鄭句鑃鍰字偏旁从同 兼指事 猶廾字之从二。

巫 〔按〕說文以玉事神是，象二人对舞非，契文作〔玨〕異以玉事神者也。

行 〔按〕甲骨文作𠁥，象街道行，實為行之本義，後變為𠁥，為行行美。或省為彳作偏旁。

𨚗 卿鄉 陽說 不从邑，象二人相向就食形，一人就食即，二人就食卿，無郎鄉饗之古文，饗食必对食也。皀亦声，或作𩞄从食。說文云𨚗章也，从𨚗皀声。按古作𨛜當生敦，与鄉同形，卿士之卿，古蓋借卿為之，無本字，說文以卿从皀得声，則卿与鄉同音也。〔按〕盤庚「前予大享于先王，爾祖其从与享之，作福作災，予亦不敢動用非德」。祖共享

文淵閣南紙店製

於廟，祭後子孫共鄉食，其共鄉食之人，實即邦伯師長百執事之人，後稱為鄉士。

[古文] 老 出說，洛冒切 說文云，[古文]从人毛匕化。按不从人毛，上象髮危，下象依人以行。手以承老。

[古文] 畏 按卜卩人之反文，象人見鬼形。

[古文] 弇 蓋讀 說文無弇字。媵送字偏旁从台作[古文]，古作[古文] 彔伯戒敦媵字偏旁，作[古文] 大敦朕字偏旁，象賸物之形，一象物，兩手奉之以送人也，故作[古文] 毛公鼎，作[古文] 中封仲敦，作[古文] 中不期敦蓋，或作[古文] 中封朕匜朕字偏旁，从八，八分也，凡賸送字多从八，如曾賸尚觉、余予，比皆是。〔梅一丁山：从八非是。〕

釋作[古文]，舉杵為舂之上半截，釋錫女茲收為錫女奴。

北京東四南大街

□臾　説文蕢象形，荷蕢之蕢。按古作□ 匋畏簋 史偏旁 寅与収

因意。从収之字如䑽送，从臼之字如饋遗，則臼当为饋字古文。

□ 受 宵　读若誶，受有梅 今作訓 楳　按象两人手相付形，本义为付，受付双声

亭辞　引伸为授，授由上付下也。

□ 受 出敦　用鬯，授受二字古皆作受，盂鼎今余其遹乎

循先王授疆土，授此皆作受。

□ 不从耳　古作□ 揚敦 作□ 㭉伯敦 作□ 中大鼎 此皆象两手有

所取形，不从耳，变作□ 毛公鼎 作□ 邾敦 作□ 取𦉜 頗与耳近。

□ 爭 青敦 青彝　象三手相争持形

□ 敢 谈簋　象手相持形，甘声。或省甘为口，作□ 鉘鐘

文淵閣南紙店製

[篆] 音以 友之說 象手相攜，或作[篆]，變作[篆][篆]。

[篆] 舁 音鴨 僕靚 象兩手，即二人共舉。

[篆] 按即[篆]之或體，齊侯鎛與字偏旁作[篆]。

[篆] 不从廾。按夂夊象竹迹。

[篆] 嚻 宵讀之 按非气出頭上也，祇象首。

[篆] 按長者晨之古字，晨古作[篆][篆] 伯晨鼎 象持物入唇，

早昧爽之食時也，与夙不同意，變作[篆] 師𤔲鼎 从[篆]即以

辰 辰亦作[篆] 又譌作辰 [按]甲骨文象貝殼形，不象唇，以甲骨

文為是，農之从辰，亦以石為耕之意，不象謀食之事。

辰寸与農字同，後作𨲠 方言十二 𨲠，耨也，亦謂之農。

北京東四南大街

𦔻聖 聽聖 青韻 說文云，聖，通也，从耳呈声。按古作𦔻 太子聽彝

作𦔻 太保彝 象声出於口入於耳之形，或作[illegible] 聽尊丁彝 象聲入耳

之形，實即聲之古文，或作聖 曾伯霥簠 壬声，左傳小君聲姜

文十七 公羊傳作聖姜，𦔻象声入耳，亦听之義，故听字古亦作聖

洹子孟听命于天子 聽作聖 說文云，聽，聆也，从耳㥁壬聲，

按聽即𦔻之變，从心，則本意當為聖德之聖，出於口

為声，入于口為聽。因而通於心者聖也。聖與聽相承，至易其

義，古但作聖，井人鐘 憲聖爽惠，曾伯霥簠 悊聖元武

師遽彝 聖姬，齊侯鎛 聖叔聖姜，皆以聖為之。

[東東/口] 東 象二東為偶，下為物形。

文淵閣南紙店製

穴 先侵韻 象人伏穴下形，本義當為沈伏，經傳以沉為之。

产 产談韻 說文云产，仰也，从人在厂上。按經傳以瞻為之，一屋梠之義當作广，非产之本義。

危 危蟹韻 疑桅切 按卩係人字，厂上厂下皆危也，象人在厂上厂下形。按楊樹達以产為危初文，危為跪之初文，極是。

𠬝 古作[illegible] 子[illegible]卣二 作[illegible] 㚤子尊 薛癸 象人执羁勒在厂下形。

[illegible]二 按艸不象草，象枯木形，宀象天穹，下二

象人大其足，在冰上。

北京東四南大街

宿 宿出韻 音秀 象人在屋下，有因席。

疒 疒微韻 慈黄切 象人在床上形。

㝯 㝯微韻 式器切 说文無㝯字，莊子在㝯遊知北 以㝯為菌，古作

㝱 陳侯因資敦 从小宗在尸下。

烟 弼 㛐簟弼魚箙 詩之簟茀魚服 弼車蔽也 因

即茵字 象茵西後二人之形。

夾 从象旁有兩翼，示其非中實，大象人居其六

中

縊 从戎 糸声 不从出者

文淵閣南紙店製

[字形] 弔 皆以为叔字。叔幽韻，弔宵韻，渡聲旁轉 經傳多以弔為不淑

[字形] 皆象弓形

[字形] 匋 从人持缶

[字形] 競 按骨甲文作[字形]

[字形] 克 音近 之韻 說文云[字形]肩也。按非象屋下刻木，象以肩任物形，尸象肩，猶肩字从尸象形，[字形]即古字，重物也。能事之意。

[字形] 朢 影至韵王 按甲骨文作[字形] [字形] [字形] 象人

北京東四南大街

竖目形，不从年 不从日或月，实即用竖立目作誇張的象形，
當以遠視為本意。

臨 【按】臣即視察的誇大的形象，就是竖目，从臨字有屈伏義，由望字可得出，因望字下象人身也。臨字乃象，監視象口。說文釋監得其古義，無臨下义，屈其體，乃監臨■之義。象口象器形。

的並 說文云的並臨下也。按監即鑑之本字，上安以水為鑑，故酒誥曰，人無于水監，當于民監。【按】■■

■■執詩外傳「殷監不遠」鑑作監，可证。

茻 作 薦者席也 廣雅釋器 象人卧艸中形。

文淵閣南紙店製

𠕁 按寡象人在屋，頭而見於顏面形。

臣 臣在宀下，說文宦仕也是宦臣從耳从目，乃耳与目之合文。古朢字師望鼎作朢，从耳，耳當然不能望，它是掉了本字的一半所致。从耳从目合文是最早制字的意思。孟子 天視自我民視，天听自我民听，意思就是直接得諸民之視听的意思。而臣實在即是君視君听的所自來。但後來就形象的習慣言之，臣的形象被竪目的形象所掩，形象和字義反而卻不易確定了。臣在門下以从事，是仕之意。

北京東四南大街

䁈女 按象女繫貝連形，荀子是猶處女嬰宝珠。官用

頪 [按]類 象人看視狀，小小為米，米珠珠相類，說文訓難曉，即難以辨白，難以差別的意思。

㬎 从目中視絲之形，絲本難視，持向日下視之乃明也。……

說文云㬎眾微杪也，从日中視絲，古人以為顯字，按即㬎之偏旁

煩 頁象為火灼之形。

頪 微韻 象皿中有水，人面及鼻影俯臨其上之形。

闚 覞 闚覞 音衍 象在門中闚人形，覞為闚省。[按]甲文

王國維曰此疑畫字，毛公鼎畫字从此，郭沫若

文淵閣南紙店製

日：古金文畫字作𦘔，从聿乂从周，言依以規畫周之意，蓋聿乂

實古規字也。

眔　甲骨文作[illegible]，皆从三人。不象尾。說文云：[illegible]

眾詞古也。从㐺，从自声。虞書臮咎繇，[illegible]古文臮，按古言及

多用眔。諸器言小子眔服、眔小臣、眔厥僕、靜敦小輔眔鼓鐘、

師嫠敦僕全眔奄、諆田鼎是也。虞書臮咎繇，臮从𠂢，眔字，眔

从目，与自形近。或作泉。鬲鐘亦其作[illegible]者相類，蓋隸譌為

臮，臮[illegible]則依隸制篆也

耿　詩耿耿不寐，柏舟傳云：猶儆儆也。耿儆古同音，言節

儆字古文，从耳炎，耳聞火声儆儆然也。

甚 古作𠯈，甚尊彝作𠯈 諶鼎諶字偏旁 実斟之古文匕匕句之反文，象引勺於口，訓尤甚。

魯 魯 模韻 説文訓鈍詞，非。彝器言魯休，他魯，阮氏元云魯即嘏字。史記周本紀魯天子之命，魯世家作嘉天子之命，魯嘏嘉同意通用。魯本意善為嘉，从魚入口，嘉美也。

魯 模韻 嘉 歌韻 雙聲轉。

名 按夕即口，象物形，口對物，稱名之象。不从夕。

A冊 侖 A為倒口，从口在冊上，即論字

龠 古龢作龢 番生敦 象手按龠。

飲 侵韻 説文云歙也。按象水入人口形，从酉，注轉

文淵閣南紙店製

或作[illegible]〔儀見[illegible]鐘〕从人旁有酉从欠注 或作曰小涵子器 尸側口象
水入口形。

[illegible] 象人張口吹火 歎 音惠

[illegible]得 从手持貝 或象覆手

[illegible] 象人手量物端

[illegible] 析之古文，象斤在木之上析之。

[illegible] 象專人頸，以手持之。

[illegible] 古以字為停 師寰殷字十 女羊牛，屬吉金

[illegible] 爯 按权輕重也，从爪持冓，冓乃縱之物与权
衡交構也。

北京東四南大街

𠬝 𠬝 說文云𠬝治也 按从又持人，凡降服經傳皆作服，以服為之，

古作𠬝 宗周鐘

及 及 說文云逮也。

盥 盥 按一一象隘，从丮持人，与及同意，从口驚呼之象，古

施 𣃦 毛鼎 作𣃦 孟鼎作𣃦 字作旁

每 不从齊者，說文婦与已齊事者也，亦非。按每象

骨 咭 簪或銀簪，現在出土很多，殷婦女頭飾有高尺餘者

毋 髮髻之狀，象女字已婚者。

羊 金文 按 象手持羊形，變作羊 鮮公設 作羊 伯倍 達盨 昶恐為鑄

之古字。

文淵閣南紙店製

皮　说文云：𡰪，剝取獸革者謂之皮，从又，为省声。按皮为不同之音，古作𡰪（[illegible]），从𠂆象獸頭角尾之形，又象其皮，又象手剝之。[按]皮氏𩊠

㪚　音散　说文無㪚字，𦽓（下云从艸㪚声。按㪚即𦽓之古字。𣏟㪚，艸也。林東分也，又象手持之。

𤆎　按古作𤆎，無重。（一从入象灰形，又持之，無重𤍏，王格）于周廟，灰于周室，灰蓋借為釐字，釐与𨤏同音通用𨤏厘音，灰音亦曰为里，故诙调说文作悝啁，里与釐𨤏同音。[按]灰象人取灰[蓋]火状。古时于火多用此法，灰後用时可復然，故恢可作恢復解。灰借为釐，亦单从单转也。

北京東四南大街

詩，壯士灰心，無意如火為灰掩。

隶 鑄餸 按隶非声，象薪木餘火，手持之。

尉 徼 【按】曰象反勺，又持也，勺以火，今作熨。

朱氏駿声云，即燮之古文，从又持火屋下索物也。

本義為聚土，上土之貌，从又持土，丰声。周礼封人注聚土曰封

从寸 按古作作，又持丨与君同意，握事也。

壴為喜饎省，省手持饎，當即為尌之古文。

燮燮 象手持火數物，下數物至三丢，𤇾字古作

戊芸進𤇾字偏旁 象熟飪五味形，與古燮形近。說文云，燮

和也。从言从又炎声，按古从辛字或譌為从言，燮訓為和，

文淵閣南紙店製

亦熟飪五味之義，叜又叜當同字。按甲骨文作𠇄，象手持火炬形，釋作叜，或為叜

叀 專 从惠从中。惠，給也；中，象持。〔按〕或即傳字

古文，蓋專亦收有从手者。不應再有持，以加持為傳。

丈 丈 陽韻 說文云：丈，十尺也。按：持十為十尺之意，當即杖

之古文。十古作丨，象杖形。〔按〕甚是。

支 按即枝之古文。

攴 攴 象手有所持形，猶治事之意。

𠬝 𠬝 象手持𠬝形，無象手有所治事物。故从𠬝之字與

又攴同意。

畀 不从甲，田當為甾之變形，甾，缶也，手持之與僕

北京東四南大街

㝵作用意。[按] 王国維釋由上下亦同此解。

隶　按象帚形，又持之。

彗　彗　說文云，彗，埽竹也，从又持甡。[按] 說文以竹代肉後，很能知道許多字的古意，這個字便是一個例子。埽竹，現在還是通名，彗星仍叫埽竹星，彗星後面拖個很長的尾巴，象埽竹的形狀。

㕞　㕞　說文云㕞，飾拭也，按尸象屍形。

建　建　按石鼓作建（犍字偏旁）嶧山碑亦同。建，立也，廷即廷省，从又持木在庭中，有所樹立也。

㝕　㝕　說文云，㝕古文鞭，按象持鞭著馬尻形。

文淵閣南紙店製

冂象尻与冊同意　冊象尾上，亦象尻　从冂亦謂为兩。

事畫　解字音　叶韻　按規畫一也

事　事　事　事吏　按事古或作事形与吏合，吏事古同

音之韻　蓋本同字。史音本如使，使从吏得声，復转如理，使音亦转入

理　離騷吾令蹇修以为理兮，左传行李之往来，𢓜之理皆

借为使，更训治人者，亦由職事之義引伸。

對　對　按古作對　師酉敦　作對　伯晨鼎　本不从口，从丵者，从又

持業，業版也。業本為覆於虡矣之版，引伸为書册之版，曲禮請業

則起，注謂篇卷也。版亦曰笏，對者執之，所以書思对命，或

作對　亦作對

北京東四南大街

㑋 攸修 古作㑋 即修之古文。

𠩺 釐之韻 本義当為飾為治，与修同意。今作釐

嚴 上 嚴 陽韻 按爾雅：嚴，除也。此為嚴之本義，公羊傳：攘夷

狄 僖四 象人載二口 叫囂之象，在土上，支象手持物以驅除之，恒校

去之。按 襄垣方足幣作嚴

殳 毁 音毁 即毁之或體，熟也。与孰同。

叟 按象兩手曳小物之端。

婁 音婁 按婁即摟之古文，曳也。秦繹山碑作婁 偏旁數字

漢婁壽碑額作婁 从臼从𡿺从女 即古之變，象擊形，

女罪人為奴婢者，臼象雙手捉手爲而曳之也。此与奚同意，討

文淵閣南紙店製

弗哭弗畏（山有樞）。畏亦训韋。〔按〕亦有韋歛意。詩小雅角弓：「式居婁驕」。公羊傳昭二十五年：「且夫牛馬維婁，委已者也，而柔焉」。注：「繫馬曰維，繫牛曰婁」。

韋（韋 音棘）〔按〕从十象兽形与尾形，从㸚两手附其旁，示韋之所在也。变作韋。

召（召 音韶）按即古召字，酉象□，双月象肉，□象持，持酒肉以呼人之象。口象口，另象人

象人登山佚翼也。

𤇾（劳 音頴）〔按〕甲骨文炏、炎即字，齊侯鎛陶字从

有成，𤇾于齊邦。齊氏欵識：齊侯鎛鐘：堇勤𤇾其政事，

依文義當釋爲熒，本作𤇾艸。爲炎下[illegible]治衣之狀，冂衣治衣會意爲勞。說文：𤇾，火燒冂，用力者勞。意太曲。林說象兩手持衣向火中，亦不得爲勞。

𤇾艸（名彝 遂鼎） 烝嘗之器，諸彝器皆以𤇾彝爲之。

𢌬（兵 音陽） 按孔宙碑作兵，斤與斤形近而變。

𦃃 象兩手縛索形，不从未。

𥡆（秦 臻鼎） 按地名以禾从舂省，不可通[理]。秦，穫禾也，穫禾可以入舂，故从二禾。或持又（持禾）在舂下。經傳以榛以臻爲之。秦臻（韻 榛微 雙聲對轉）猶至耕（爲臻）。穫禾謂之秦，詩奄觀銍艾（至土）是也。所穫之禾謂之秦，書二百里納銍（禾）是也。穫禾之器謂之秦，說文銍穫禾短

文淵閣南紙店製

鏟也，是也，舂弁謂之秦，淮南子五指之更彈，不如捲手之一桎，
岳略注，桎椿也是也。又穫禾有声謂之秦，倩穫之桎桎，良耜是
也。秦从二禾，故有濕意，凡眾謂之溱溱。詩手華宝 蓁蓁 家溱々
桃之夭其葉蓁々之 辞辞詵詵，螽斯詵詵兮釋文引說文作多辞 甡甡莘莘之皇皇 [illegible]莘
晉作莘々 莘莘蓁 新輯碑 莘々毘嗣 並由秦字孳乳。
舂 春韻 即眺依之汰本字。手捧水形。
橐 按㐬即子字倒文 子說文或作 篆子在箕
上推橐之形。
粈 埶 音艾 秦韻 象人持米種土形。埶 毛公鼎 是其孔字 省作埶
克𠛬𠦪㮚 變作粈 師虎敦 作𡍪 散氏 格伯敦 杜木邊谷
字偏旁 敦 [illegible]

封于𢻻域。杜，杜木，皆埶木也。說文杜从木土声，此後出字，古或从土为之。故韩诗徹彼桑杜，鸱鸮毛本作桑土。杜训甘棠，亦棠之假声对转，非有本字。古文杜为埶，虞书格于埶祖。马融读埶为祢，故师究毁王在杜居格于太室，杜即祢之借字也。克鼎彝、番生敦、卣，夏柔遠能𤔲，𤔲从豕杜声，說文所無，亦借𤔲为祢，杜又變作𣏾，克浻彝、小臣麦尊彝，王造于祢，祢作𣏾糸中卜命小臣麦䏌祢居，祢作𢝭，亦皆𡋯𣏾之變。因𢝭變土為皀，形類从予，遂误为予声，而以林土𡒄為野之古文矣。

【按】甲骨文埜作𣏾𣏾。羅振玉曰：許書于古文下無

文淵閣南紙店製

言予声，今皆予音，殆後人傳寫之誤失，許書字本不誤，爲後人寫失者，多矣。玉篇埜林部壄土部並注古文野，殆埜爲顧氏原文，所見許書當不誤壄土，則宋重修時所增也。

[illegible] 頊 遏音 說文頊謹皃。按象奉玉謹慤見于顏色之形，如[illegible]即皃字，皃古或作[illegible]。白虎通云，顓頊者寒縮也。五行

[illegible] 𢦏 泰韻 音拜 按：伐商彝云，丁未𢦏商；殷敦云，令龔𢦏會飭大則于段，文義並當爲伐，當即伐之或體。象兩手持戈，字作[illegible]，伐商彝辛作[illegible]，段敦作[illegible]。

[illegible] 象手有所持其毛（按：當云其皮爲是，無取羽毛者）。凡朱鞹讀蘇爲以貔爲之。

止　按：出象出跡貌，匕象趾，丿象踵，𣥂即前字，亦出
舟向前之義，匕在前，踵之以舟，示舟前出也。
桀　桀　春韻　渠害切　爾雅：雞棲于杙為桀，象兩足在木上形。
乘　乘　象人在木上，𠃌𠃊象其兩足。
𠬝　不从几，几象人，𠬝与人相狎之象。
䧹　雁　蒸韻　於恒切　从𠂆人之反文，人形高也，今作鷹。
𪁚　說文𪁚鶻也，按从人形高也。
寉　隺　按：鶴乾好之鳥，故在屋下。
㗊　按：㗊象物，犬守之。按：茻古莽字，有二義，象
形兼會意，象形，象草中之深，草莽本義。會意，言犬之

文淵閣南紙店製

猛撞，說文南昌謂犬善逐兔艸中爲莽，是其義。

□〔按〕言非聲，□象牛觸以繩牽之也。

□ 羔 〔按〕象羊在火上，後乃以羊之稚嫩者爲羔，爲小羊之專名。

□ 困 文韻 〔按〕囗象圍，木象木。囗不象雨蓋，非二畝半一家之居。樹下以物圍略之，禁止牛羊等噬之，是其本義，困難，困勉，困苦等義皆孳乳而生。

□ 才 說文云才艸木之初也，从丨上貫一，將生枝葉也。一地也。〔按〕將生枝葉是，一象地非。才字象形兼會意，不象種，一不象地。丨爲指示符，即指枝葉形由生之

北京東四南大街

時之□發也。意枝葉才及此也。但甲骨文中不類。

乇 乇 模韻 音度 本義當為草木根成質地上達，一地也。

易解卦：百果艸木皆甲宅，鄭注：皮曰甲，根曰宅，乇即甲宅之宅字。

長 長 甲骨作 [illegible] [illegible] [illegible] 實象髮長皃，全文猶可概見其餘形。[illegible]象髮長皃，[illegible]象人，[illegible]象手以手理髮也。

冥 冥 青韻 [illegible]說文義不可通，冂象天穹，𠘧象穴

山海經

文淵閣南紙店製

早 早 象日在屮上，屮为木省，古代传说日出扶桑，日出若木，日出木上，是早的意思，会意。

朝 朝 在木上，旁有水，与潮形合，是其义。古朝夕与潮汐可通。

宵 按从月，月在门下，小声，小为即宵之省。

窔 突 说文云，窔，深也。一曰灶突。[illegible] 灶突之义是也。窔，内象灶门，又象手火象火，持火入灶也。即灶本字。

昔 甲骨昔从水从日，意古昔洪水时代之谓，[illegible]不定。

染 象人以米入水

[illegible] 賫 不从沓 口口象物在穴中。

[illegible] 鑄 象鎔金在皿中有蓋覆之之形。从火者，鎔金之光也。或作[illegible]匜 鑄公 从金轉注，[illegible]声。

亘 亙

外 夕象物形，丨内外之界，卜以標界之内，夕象物在外形。

[illegible] 間 从物在門中

[illegible] 宜 [illegible] 古文，按与多不同音，象物在屋之下地之上，得所安也。

文淵閣南紙店製

[illegible] [illegible] 說文無𩱙鼎字。以刀治肉在鼎上，或从肉声，說文

鬺，煮也。廣雅釋詁三。以羊烹為之。韓詩于以鬺之（采蘋）

以鬺為之，毛詩作湘，或作[illegible]，或作[illegible]，放[illegible]舞看。

[illegible] [illegible] [illegible] 象水在皿中可煮形。（按）此為盪字，由

此得得知[illegible]非韓注，蓋煮湯而面現，圖象水滴

之人含盪，不从西，亦非菓寶之狀。

[illegible] 古与壹同字，象塊在壺中。

[illegible] 楚曾侯鐘 真、甚与冥為同字，以形語分為兩字

也。真字之真，為昚字之借義，或借慎字為之。詩

予懷無眾，予懷無言聲 所言爾雅懷識也 是也。慎、顛、瑱

填詩字，以寘字作𡨄例之，但為从𡨄，寘爾古同音。臻謂、

𤲃 疊 縝韻 音習 說文云：𤲃，楊雄說，以為古理官決罪，三

日得其宜，乃行之。𢹋 我以為楊雄未必有此說，實許不識字，

攀楊以自圖。 象蜀物在俎上形。

東 東 与𣏟同字 東東韻 東遇韻 出支声 對轉東声，

之諫，亦轉入東韻。四方之名，西南北皆借字，則東亦不當

獨制衣字也。

東 从束，注二點，以別於朿（束）于血鼎諫或作𧍕。

東 黃、 趙曹鼎作黃（𢹋）象[illegible]花形，借以寓黃。

古以黃花為菊花，[illegible]（夕）飧秋菊之落英，英亦指黃花為

文淵閣南紙店製

古诗，英读如央，有女同車，有女同行，颜如舜英，将翱将翔，汾沮洳，彼汾一方，言采其桑，彼其之子，美如英，美如英，（?）士，五色雜英，如有弃章。

本義。歸元恭看花日記，以黄、菊為古之甘菊，今即菊之末變種者也。菊至王象晋時已得二百七十餘種，但其[illegible]本色，還是黄色。是英黃當為一字。張平子四愁詩曰：美人贈我金錯刀。

伪以玖之初，英瓊瑤，英即黄字，今人金村稱前見知（?）稱序其義。

束　說文為束，䇂束之次弟第也，很对，弗束亦有次第，特標以出之，以象其標。

中　本義當為射中的中，○象正鵠，ㄈ象矢，有徽形，省作中，散氏盤作中，但象矢。【栔】甲骨文祇作中或作中。余以為是册之首，册省作中

侯　从矢一正鵠是。○是鵠的正面，一是鵠的側形。

晉　晉　臻韻　象兩矢集於○形，从子孫者謬。

檣影　从木从絲持首，昂云之，或从

𠧪　卣　菜韻　于非聲，昂竿之古文，形以卣之。【按】此不
是舂米之臼，乃因形名，以插竿者。

𥝢　利　利本義為㓹𣫈，从刀割禾。古作𥝢，中點象穀
實。

𠝹　音賴　从刀刈來，与利同字，利剌双生旁轉，賴
从剌得聲，剌，與賴之古文。說文賴音贎也，与剌之本訓。
孟子：富歲之年多賴，史記：始大人以臣為無賴，皆生產
收穫之義，引伸為恃。故廣雅云：賴，恃也。剌每變作𠝹
大号

𠜴 剬 音察　宋古校字，古剬折通用，论語片言可以折獄者，魯論語作剬獄，剬蓋折之或從。

解　按从刀治牛，从角　注觜

𠟭 則　說文：古文則，等畫物也，从刀貝，貝古之貨也。[按]刀形古之貨，如刀幣刀，以刀貝等畫一物為則，其文是。後貝變為鼎　鼎貝 段

斬　攷工記輪人：斬三材，謂斬木為車。

斯　說文：斯，析也。[按]說文解字義有時乃古義，以去古未遠也，但不知其所以然。而且自相矛盾，其為箕作自含知道的，非声。此象以斤析竹為箕，今義。

北京東四南大街

𣏟 从攴，破木也。

戕 殲也。

[illegible] [illegible] [illegible]訓謹

卷七

兀 兀 兀蓋与元同字，首也，从人一，记其首處，与天同意。兀讀若夐 音 韻 夐古与元同音 奐从夐得聲，奐聲之奐与元聲之院同字 寬兀 徽 韻 之双声次对转也，兀元同字，故髡说文从元，𨀋𨀋从兀，軏说文作𨊠。

[illegible] 說文云，[illegible]籀文嗌，上象口，下象頸脈理也。按古作[illegible] 敉[illegible]作[illegible] 鼏 [illegible] 象脈理，〇记其嗌處。〔按〕[illegible]

文淵閣南紙店製

象頸項之徧飾，不象脈理。首聲。

甘

一以示甘美之處，非謂道也，

朱

說文云：朱，赤心木，[redacted]〔按〕此為指事字。

卒

說文云：卒，隸人給事者為卒，古以染衣題識，故从衣一。

乞

[illegible] 旬 臻韻（音荀） 眩也。勹為眩轉之象，劉秦美秋至嘗有頭眴病，是旬即眩也。

[illegible] 說文麻治也，禾已熟

[illegible] 【樓】从高曲其上，(象曲形，高省。

[illegible] 象犬自窗上出形。

[illegible] 哭 音五 說文無哭字，古作器（哭作器） 本義當為交午之午，与五同字，㗊象物形，乂示其相交，凡相遇之義，為遻（楚辭懷沙重華不可遻兮），為晤，為逆，或以逆為迕（詩）俗作為御（詩百兩御之），古皆与五㗊同音，捂逆，常驚㗊，㗊訝，悟，寤，每皆

文淵閣南紙店製

叟義所引伸也。道路之路古作畧不期敦余命女御追于畧，借為洛字以錯迮相遇，故从畧者，畢篆作畢乎、畢竇無畧者，畢畧古同音

甪用　按甪非中字，古宁字作甪，領敀貯字編字宁藏也。一象引出之形，有所用自宁中引出之也。

卷八

𧷤（兟赞 字韵）当即赞之古文，赞见也，从贝从兟，按昂先𧷤字之或从，从贝结注见者贽也。

竸（竸竟阳韵 音疆）说文云竸 疆语也 相言语相竸意。竟昂竸者，魏邓文公碑竟作竸与古甚合。

昌 疑本从二日 广雅昌光也 春秋元命苞，代殷为姬昌，注云两日重见言明象。裴松之引易运期谶云，两日并光日居午，此皆以两日为昌。〔按〕氏日之说甚牵强。

㒼

㠱 㠱 朱駿声曰从女儷己。〔按〕乃女己借用字。

噝 噝 音信 臻韻 說文無噝字，凡執訊皆以訊字為之。古作 [illegible]

師寰敦 从幺从辛者。辛，遠也。達古以系轡之。號季子白盤作

𡀞 系即系之變。

辜 不从辛，亦不从十。从辛从束。所以束罪人也。

辟 說文辟，法也。不从卩从口，口束也，从人注辛 从辛

与章同意 孟鼎作 辟

𤔔 𤔔象人形 䜌字𡨧字古从 ◯ 所以圍束之 已从収注 𤔔与此同意

取其平。〔按〕不一定取其平也，或者是均治亂之意思〔」〕者

作 𤔔 師寰敦 又从去作 [illegible] 大鼎 孟 此當別為一字，从去瀌声

北京東四南大街

為廢之古文。廢秦韻詔韻葉變声旁轉。諸彝勿灋朕命皆勿廢朕命也。

夂　[按]象去之夂也，会意。

後　足有所系，故不得前。

復　按不从日，从夊，与復同意。

夌　昂遲之本字。从大，象人形，乙雜之。与後退夂同意。夌作𡘲守敦，夌遲古同音，故詩周道倭遲四牡，韓詩作威夷。

頻　瀕　涉見水顰蹙之形。

顥　本義為首映日光而白。

𦥯 說文釋臾，林釋為遣

學 敎 学教 斆 按即教学古字同，故盤庚斆于民，禮記凡学世子及学士、文王世子，皆以学字為教，古作敎，省作[illegible] 按

說文兩手上其蒙，非其義，爻即畫也象規，双手畫爻以教学。

[illegible] 从目从夲从艸，有察罪之意，釋一，与說文義正反。

作[illegible]射声，或作[illegible]从目从矢，则转為射。

[illegible] 獄 言為辛之訟，辛罪人也。

北京東四南大街

𧜵奞 从衣不从大〔按〕衣不可象張羽之狀，蓋衣内毛羽，衣自奮張會意也。𧜵 說文釋作翟，不應別為一字与𧜵應為一字。

旳𣁋 昂㬅之古文

𦁊 器物多有耳，以繫貫之

鈃 吳氏大徵考工記矢刃重三垸，垸為疑鈃之譌。

卷九

㞢之 㞢〔按〕实为㞢之之之・象・从志之，蓋謂足力之也，足不足皆此引伸之。

𠂤 自徵韻 於非切 說文云𠂤歸也，从反身，按古作𠂤十號叔段

文淵閣南紙店製

作 鼎盉 今字以依為之。〔按〕無反字義，象双手象腹以相依物也。

說文即易突字也。按倒子謂子生倒出，育字从此。

我以為此字為突，乃許氏說。突与竈原為一字。

卷十

〔按〕从人从肉為死，恐還保持古代甕葬的意思。

加尸為屍，尸声。

司 意蓋〔按〕三声。

苟敬 青韻 从人美省 賓与敬同字。

咎 幽韻 按古作 咎尊 鼎彝 咎責也，从人各。

而 大為人而象委垂，言人畏偄也。

北京東四南大街

㞢寺　本義為持，石鼓「秀弓持射」，皆作寺。

㫗　此為目循字，相應作相敦（相侯），字形釋作遹，平循也。遹，直，昂，平循，敔鼎「師雝父循道至于䟌」，循作循，史頌鼎「蘇今史頌循甸，蘇洽循」，循作循，从辵　昂循之證。

㥁德　說文云：德，循也，升也。从彳，悳聲。按古德，盂鼎从心德，循，昂直，則德與悳同字。或作德，單伯鐘从循，从止，德循字得德、悳皆以德為之，古論訓為升，此登之假，又聲之特，非其本義。易「君子德車」，剝；孟子「又從而振德之」。此兩德字皆訓為登之。吳大徵說从直从心，相心為悳，得於心則行於外也。（此是十五）的唯心的說法，不合剃字初義。

八兄　見秦韻　音太　昂曉之本字

文淵閣南紙店製

号 号 按丂引也，口引声而號，故从号

可 可 与号同音，当為訶之古文。石鼓其斿維何，何作可。史記萬石張叔傳歲餘不譙呵綰，索隱云，譙呵音誰何。

哥 哥 歌韻 古文以為歌字，僕兒僮歙飲訶邊 以訶為之。

君 按尸治也

余 余 音舒 按甲骨文作亼木 亼米 余 余 亼 倒口 屮 不象手 亦作仒，盖自称之意也。

舍 舍 音舒 与予同字 說文余从舍口得声 是余舍同音 賜予也 古作舍

居 趨 壓 或作舍 毛公鼎，父厝舍命，谋田鼎，舍其舍女臣

十家、散氏器、矢舍散田、舍𢽾矢五夫、居趞繁、舍余三鏞

此皆訓賜予 枚文義方恔、左傳亡孤有施舍 二年十 施舍不倦 九年十

王氏引之並訓為賜予。

省按 舍 捨 韻、古文不同音

朁 替 徵韻 他計切　替 廢也　从竝二欠 二欠者倦極也。

肎 肯 徵韻 斯更切　八月 本義為辞 肎卽儀禮醞醢 胥艇

之胥、骨肉也。

𪇴 雞 宜韻　堇古勤字 許堇 從𪇴以堇 皆 鳥生養哺育之

事多難、故鳥勤為難。

文淵閣南紙店製

衡 按象牛衡軛以行。軛為横制衣。

緝 巠 （按）緝績水狀，亦含義也

㕣 同 从口丸。

需 需 遇額 从雨从而，（按）即濡之古字。

袞 袞 文部 （按）袞 从公象華備非声

意 从言心

黹 本意為文章（按）亦衣之華備

衜 按首所向也

畜 不敢畜云，从滋从田，茲益也。魯郊禮畜 从田从茲

季 幼禾也

北京東四南大街

㮚　栗〔樸〕象穀实形

𣡕〔樸〕象形

炏廾　樊即燓之[illegible]古文从廾从炏，即乘異之力的意思，说文释为野燓是其義。言非常火也。今意。

𤰈单　今以昆为之。

𡉚　从[illegible]声

㒶啇　尚书为賞之古文。与曽同意　商本意当为

賞　比白从分，以移分人之意。

乃夕　乃夕猶言引取物也。

𡕥　古衜字

文渊阁南纸店製

貧 貧錞 音分 【按】此为形声字，音分。

盜 【按】从皿从欠，会意。皿中之流涎欲为盗。

全 全 【按】玉不欲其碎，入而全之，会意。

幸 从屰从夭 少年稚非分而得谓之幸。广义

足 足有止之意，从下之口足形止。

卸 【按】即古之啣字，取於口者也。

會 會 音陰 象筐相合，☉象筐，亼、口象上下合。

奄 奄 说文：大覆也，大有余也，又欠也。从大申，申展也。

卷七 土

省 省 与眚同字，古眚或作 音南 生於省，或作

北京東四南大街

盅冗，是生东省作生也。

旬「𠣜」乃即十字加以延长號，延长示周匝，十日周匝為旬，甲骨文亦如是。

訇兮「𠣜」八示口形出丂音，乃兮字表示驚嘆，訇声，經傳以恂為之

暋 音民 民 按民古音如闵 左傳 国暋 僖二十三 穀梁亦作閔，書

民不畏死 康誥 孟子作閔，當从民聲。民閔雙声叠韵

弦 弦 从弓玄声

鯀 古引切 列子鯀作治水土 楊朱 離騷 鯀婞直以亡身

兮，此白鯀。从玄，玄声。

文淵閣南紙店製

𩵦魚 𩵦當是胂之或體，从肉寅聲，因以形近譌為𩵦也。易艮卦列其夤，馬注：夾脊肉也，正以夤為胂，鄭本作臏。

獻 𢨋獻字韻 獻本義當為宗廟獻，古文作𢨋 陳公子甗 為甗之古文 諸家並釋為甗 字亦有作獻 从鼎虍聲 獻為犬雞豐貝有力之甗義見本條

亦作𪉞 召伯虎敦 省虍作从貝作𪉞 弘弗生獻 从鬲𪉞 師寿孝借獻為之，甗即獻之偏旁，不為字。

𥃲 𥃲蓋从重省 目 省聲

臧 本義當為臧獲，臧奴也

𡔷 東詖 按高也，从土降聲，王莽曰量長寿隆崇，隆作𨺉，則篆文不从土。

北京東四南大街

𨽾 肆肄 音遂 不从長 从隶省 从𠂤 說文𠂤下云𠂤古文矢字 𠂤隶皆聲也。矢肆同音，故古亦以矢為肆，爾雅矢陳也（釋詁）是也。或作𦁩（希聲，妃）𢑱 𠂤豕之變，無與矢隶肆同音 𠂤為古文矢，其形不可說，疑無𠂤之譌變，與矢同音，因以為矢字。

按古𠂤肆與肆同字，討伐其條肆，汝墳傳云，肆餘也。禮記肆束及帶（玉藻）注無云肆餘也，是古亦以𠂤肆通用，肆習之義，無由陳列引伸。

𪏽 𪏽音皇 陽韻 不从圭 从𡉚 變為主，猶徃為往也。叔家父匡，孫子是𪏽，文義與說先祖是皇（楚茨）繼續其皇之烈（之文）本義當為美（傳云皇美也 繼續其皇之）𪏽𡉚皆聲也。漢書東方朔傳，𪏽纊充耳，注以𪏽纊為黃色綿，由說不可从。

文淵閣南紙店製

朱氏駿声订纊為絖之误字（纊一或作絖，与絖形近）。然紞以黈纊瑱耳，非以塞耳。黈纊疊韻字，当即瑱之異名。爾雅：桄，充也。左傳宋司徒皇父，字充石（一本作……）。黈纊與皇桄同音，無並有充義。大戴禮黈絖塞耳（子張問入官），字作黈絖，从光，以黈聲。瑱或謂之充耳，詩褎如充耳，充耳琇瑩，充耳以素乎而，因謂之黈纊矣。長笛賦：若然六器者，猶以二皇聖哲黈益（黈益，黈亦益耳），擴充增益之義也。

【按】若按郭忠恕的說法，可以看出漢字最不易辨認，歷代的人都常常弄錯。吳大澂收鐘文字共三千六百餘字，說文九千三百五十三字。但說文

北京東四南大街

字有許多或從字或偏旁字，許氏都不能分辨。要之所鐘鼎而論可四千字不足。在這四千來字裏面，基本上是象形字，象形不能表達，但憑會意，會意不能表達藉以轉注，或以形聲。但攷查鐘鼎文字形聲並不發達，字的繁者也分岐的厲害。要拿秦篆來說，那後者無疑是進步的，特別在偏旁部首這方面加以固定來說，它的進步將是很顯然的。鐘鼎文字當時掌握在巫史手中，或為一地之字，或為一家之文字，自然有它的局限性，■因為鐘鼎文字是多半刻在神物寶器上面，因此它的修飾的樣式特別發達，甲骨

文淵閣南紙店製

文是刻在骨版上，而且多是占問吉凶，不能不求之快捷，所以力求簡明，鐘是要傳之萬世，炫耀後人，所以力求文字的華飾繁縟，造成文字的分化，這使秦時不能不加以改革。了解它的特質，再去認識，就會比較就近些些。從甲骨許多合文來看，象形字古時合有多音字的，我以為「析子孫」的析字，就很可疑，這是個動詞，下貫子孫，按語法來說，必然要有個語助詞才能貫下去。析為舊說，吳大徵不同其說，但也弄不清是什麼字。我看有可能是藏字，宋高宗的圖章「希世藏」藏字作莊，陳繹曾跋中曾誤藏為

北京東四南大街

有。鼎彝常有爿子孫字樣，爿字或作非 彐 按爿象床，古時生活醇樸，一切藏之■床榻之上，所以這是今（意）義字，同時，是有（諸）尾■轉為語助詞的，即藏諸子孫，即子孫其永藏之乎！成為一感嘆句。我之說法看來是特別，但從當時的時代生活來分析，可能是■的。

文淵閣南紙店製